¡Despertad Hijos!

Volumen 9

¡DESPERTAD, HIJOS!

Volumen 9

Diálogos con Sri Mata Amritanandamayi

Mata Amritanandamayi Center, San Ramon
California, Estados Unidos

¡Despertad Hijos! — Volumen 9
Adaptación de Swami Amritaswarupananda

Publicado por:
    Mata Amritanandamayi Center
    P.O. Box 613
    San Ramon, CA 94583
    Estados Unidos

————————————— *Awaken Children 9 (Spanish)* —————————————

Primera edición por MA Center: septiembre de 2016

En España: www.amma-spain.org

En la India:
    inform@amritapuri.org
    www.amritapuri.org

Este libro se ofrece humildemente a
los pies de loto de
Sri Mata Amritanandamayi
la inmanente luz que brilla
en el corazón de todos los seres.

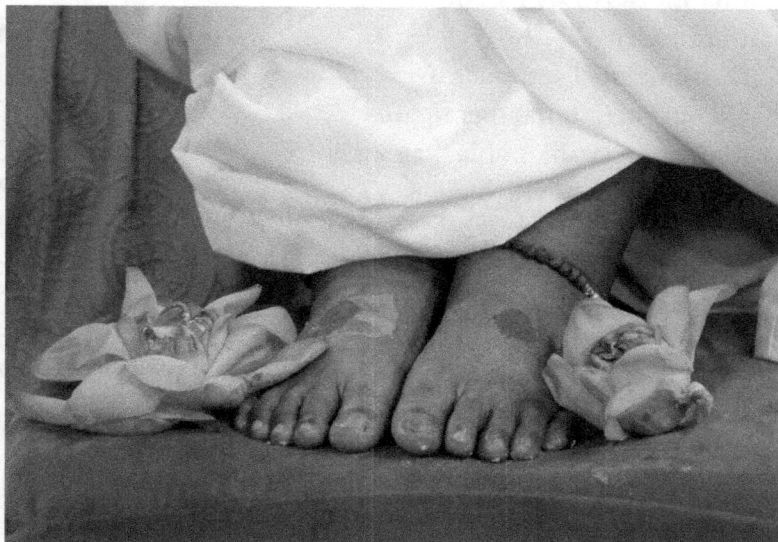

Vandeham-saccidanandam-bhavatitam-jagatgurum
Nityam-purnam-nirakaram-nirgunam-svatmasamsthitam

Me postro ante el Maestro Universal, que es Satchidananda (Ser
Puro-Conocimiento-Dicha Absoluta), que está más allá de toda
diferencia, que es eterno, pleno, sin atributos, carente de forma y
que mora siempre en el Ser.

Saptasagaraparyantam-urthasnanaphalam-tu-yat
Gurupadapayovindoh-sahasramsena-tatphalam

Sean cuales sean los méritos que se alcancen por medio de pere-
grinaciones y baños en las Aguas Sagradas que se extienden a
lo largo de los siete mares, no pueden compararse, ni siquiera
mínimamente, con el mérito de compartir el agua en la que se
bañan los Pies del Maestro.

—*Guru Gita* Versos 157, 87.

Contenidos

Introducción

Amma transmite sin descanso su mensaje de amor, de compasión y de paz a la humanidad. El año 1987 marcó un hito en su misión. Llegó el momento en que debía salir de la India y reunir bajo su ala a los hijos que la esperaban por todo el mundo. Algunos devotos americanos, a la cabeza de los cuales se encontraba el hermano del *brahmachari* (Br.) Nealu, Earl Rosner, la habían invitado a los Estados Unidos. Albergaban este deseo desde hacía mucho tiempo, y cuando Amma por fin aceptó, estaban arrebatados de alegría. Se decidió que Amma pasase algunos días en Singapur, dos meses en América y un mes en Europa.

Puede parecer sorprendente que Amma viaje, cuando tiene poder para bendecir a quien ella desee en todo lugar del planeta sin desplazarse. Lo hace simplemente por el bien de la humanidad. Al igual que cuando llega la primavera, aporta al mundo un soplo de vida, frescura y color, y como una lluvia refrescante viene tras la sequía para proporcionar vida a las plantas y a los árboles marchitos. Así también, un maestro auténtico como Amma ofrece allá donde vaya amor, esperanza y renovación a toda la humanidad.

Amma envió a América con tres meses de antelación, a dos de sus hijos: Br. Nealu y Br. Amritatma Chaitanya[1], para preparar el terreno de la gira que iba a emprender. Una americana, Gretchen MacGregor, participó igualmente en la organización de la gira.

Cuando llegaron a los Estados Unidos, el pequeño grupo recorrió todo el país en un viejo automóvil caravana Volkswagen

---

[1] Cuando años más tarde fueron iniciados en *sannyasa*, el *brahmachari* Amritatma Chaitanya recibió el nombre de Swami Amritatswarupananda y el *brahmachari* Nealu el de Swami Paramatmananda. Al final del nombre de todos los *brahmacharis* (Br.)y de todas las *brahmacharinis* (Bri.)de Amma que han recibido la iniciación en *sannyasa* se añade la palabra Puri. Indica, entre las diez ramas de la Orden, a cual pertenecen. Los demás nombres de los discípulos que han cambiado desde 1987 se indican entre paréntesis.

que visiblemente tenía los días contados y que había sido prestado por un devoto. El objetivo del viaje era dar a conocer a Amma, pero resultaba, sin embargo, muy difícil permanecer alejados de ella durante tanto tiempo. Br. Amritatma, en particular, sufrió profundamente esta separación.

Viajaban día tras día haciendo etapas en diferentes ciudades para dar satsangs (discursos espirituales) y organizar la gira de Amma. Durante semanas el viejo coche caravana fue su vivienda; dormían, cocinaban y practicaban su *sadhana* a diario en él. Fue una fuerte experiencia que les enseñó que Amma siempre estaba con ellos; aprendieron a vivir en su recuerdo constante.

Milagrosamente, el vehículo rodó sin incidentes a lo largo del recorrido desde California hasta Wisconsin, pero el mismo día de su llegada a Madison, ciudad que habían elegido para que fuese su última etapa, el coche se dio por vencido ¡justo delante de la casa donde debían alojarse! Si no hubiese sido por la gracia de Amma, ¿cómo hubieran podido sus hijos llegar hasta allí?

A lo largo del viaje se vieron constantemente rodeados por el amor de Amma y sintieron su protección, a veces de la manera más sorprendente. Se sintieron guiados a cada paso. De manera invisible ella cuidaba de todo. Lo que era necesario para la gira, ya fuese la ayuda de personas benévolas para desempeñar el trabajo, los medios financieros o las salas para el *darshan*, siempre acababan por aparecer en el último momento.

Hay que mencionar aquí que los *brahmacharis* se sorprendieron y quedaron profundamente emocionados por el inmenso entusiasmo y la gentileza de algunas personas, quienes en su mayoría jamás habían visto a Amma, pero que estaban deseosos de conocerla. Entre ellas se encontraban: Steve y Cathy Schmidt, Earl y Judy Rosner, David y Barbara Lawrence, Michael y Mary Price, Steve y Marilyn Fleischer, Dennis y Bhakti Guest, Larry

Richmond, Phyllis Castle, George Brunswig, Susan Cappadocia (Rajita) y Ron Gottsegen. Su generosidad hizo posible la gira.

En el transcurso del viaje el pequeño grupo conoció a cientos de personas. Muchas de ellas estaban tan emocionadas oyendo hablar de Amma, viendo su foto u oyendo su voz en casetes de *bhajans*, que sabían, incluso antes de haberla visto, que ella era su madre. Algunos incluso tuvieron visiones y sueños de Amma antes de haber oído hablar de ella.

Amma había comenzado a llamar a sus hijos de Occidente...

El 15 de mayo de 1987, Amma salió de Vallickavu. El ashram entero quedó sumido en la desesperación. La escena evocaba la salida de Krishna de Vrindavan hace 5000 años. Los *brahmacharis* y las *brahmacharinis* estaban tan profundamente apegados a Amma que algunos de ellos se desvanecieron al verla entrar en el aeropuerto, adonde fueron para acompañarla. Br. Pai (Swami Amritamayananda), que debía permanecer en la India para cuidar del ashram en su ausencia, irrumpió en lágrimas. Su dolor era tan fuerte que se desvaneció.

Antes de entrar en el edificio reservado a los pasajeros, Amma juntó sus manos, se las llevó a la frente y saludó a sus hijos. Mientras todos respondían inclinándose, Amma dijo: "Hijos míos, Amma necesita vuestra bendición y vuestras oraciones para tener éxito en esta gira. Amma viaja de esta forma por el bien de todas las almas que sufren lejos de aquí. Aquellos que viven en el extranjero también son hijos suyos. Amma oye sus plegarias y su llamada. Para mitigar su sufrimiento, aliviar su pesar y mostrarles la luz eterna, Amma parte para el extranjero. ¿Cómo podría permanecer sorda a la llamada de sus hijos, cuando viene de lo más profundo del corazón? Amma pronto volverá con vosotros, aunque en realidad no va a ningún sitio. Hijos míos, recordad que Amma siempre está con vosotros. Amaos los unos a los otros, servid al prójimo de forma desinteresada y jamás olvidéis hacer vuestras prácticas espirituales".

Amma no pidió a la gente sus oraciones y bendición más que para dar un ejemplo de humildad. El Bhagavad Gita dice: "Los principios a los cuales los Mahatmas se adhieren serán seguidos por la multitud" ¿Por qué, sino, iba a expresar Amma una petición semejante, cuando tiene el poder de bendecir a toda la creación?

Cuando Amma hubo acabado de hablar permaneció inmóvil durante un momento. Con una ternura infinita paseó su mirada posándola previamente sobre cada uno de sus hijos. Después se dio la vuelta y partió. Cuando desapareció tras las puertas acristaladas, todo el mundo exclamó: "¡Amma!, ¡Amma!" Algunos *brahmacharis* y *brahmacharinis* se precipitaron como locos hacia las puertas, llamándola.

Cuando se contó esta escena al Br. Amritatma, dijo: "Esto demuestra que Krishna y las Gopis han existido en realidad. El amor de las Gopis por Krishna no es un cuento de hadas, sino una historia real. Amma es Krishna, la que ha robado nuestro corazón y nos ha enloquecido de amor por ella".

El 18 de mayo de 1987, Amma llegó a los Estados Unidos para visitar las siguientes ciudades: La bahía de San Francisco, Santa Rosa, Santa Cruz (18-26 de mayo), Carmel (27 de mayo), Seattle (28 de mayo-1 de junio), Berkeley (2 de junio), Garberville (3 de junio), Monte Shasta (4-7 de junio), Santa Fe y Taos (8-14 junio), Boulder (15-18 de junio), Taos (19-21 junio), Chicago y Madison (22-29 de junio), Charleston (1 de julio), Pittsburgh (2 de julio) Cambridge y Boston (4-9 de julio), ciudad de Nueva York y Stamford (10-14 de julio).

El 15 de julio Amma aterrizó en París, primera etapa de su gira europea. Visitó las siguientes ciudades: Dourdan y París, en Francia (16-18 de julio), Zurich y Schweibenalp en Suiza (19-31 de julio), Graz y St. Polten en Austria (1-12 de agosto).

En este libro, volumen IX de ¡Despertad, hijos!, Amma continúa llamando a sus hijos. Y lo seguirá haciendo hasta que nosotros le respondamos de todo corazón. La respuesta vendrá, puesto que las palabras de Amma no son simples palabras, sino la expresión del amor supremo, la llamada de la verdad absoluta. Esta llamada acabará más pronto o más tarde por alcanzar y despertar al niño inocente que duerme en nosotros. Amma, el Maestro supremo, nos guiará lentamente hacia *moksha*, la meta final de la vida, un estado libre de toda esclavitud, de todo dolor y de todo sufrimiento, un estado de gozo infinito, de dicha y de plenitud.

Swami Amritaswarupananda
Amritapuri, Abril de 1998

Nota del autor

La gira mundial emprendida por Amma en 1987 duró tres meses; he omitido, pues, en este libro numerosos detalles, he recopilado esencialmente los diálogos con Amma y algunos acontecimientos que me parecían particularmente susceptibles de interesar al lector. Una versión más completa de la gira de Amma, que incluye las experiencias de los devotos y las mías propias, será publicada en una fecha posterior.

Amma Llega A Los Estados Unidos

San Francisco

Amma estaba a punto de llegar. Un grupo de aproximadamente unas cincuenta personas había venido a esperarla al aeropuerto internacional de San Francisco. La mayoría todavía no la conocía. Esperaban, impacientes, poder verla, cuando los paneles del aeropuerto indicaban que el avión procedente de Singapur acababa de aterrizar. Eran las 15 horas y cuarenta minutos. Todas las miradas estaban fijas en las puertas de la sala de espera, buscando a Amma entre los pasajeros. La prolongada espera no hizo más que acrecentar la agitación de los devotos, por lo deseosos que estaban de verla. Cada vez que las puertas se abrían, alargaban el cuello para tratar de entrever a Amma. Finalmente, la vieron al lado de Bri. Gayatri. "¡Ahí está!", exclamaron todos a la vez. Br. Amritatma, también, vio a Amma. Sus ojos se llenaron de lágrimas. Trató de controlarse, pero cuanto más lo intentaba menos lo conseguía.

Finalmente, al cabo de una larga espera, Amma llegó a la sala de espera con una sonrisa radiante y con las manos unidas en señal de saludo. Un devoto le puso una guirnalda; al acercarse Amma, todos se postraron espontáneamente ante ella. Al verla, muchas personas se fundían en lágrimas, pero al mismo tiempo brillaba una sonrisa alegre en su rostro. Podían sentir la compasión infinita de Amma sólo con mirarla.

Darshan en el aeropuerto de San Francisco

Cuando Amma pasó por delante de Amritatma, le sonrió. La sonrisa que le lanzó estaba tan llena de amor y era tan intensa que le traspasó el alma, desbordándolo de alegría y de paz.

Amritatma estaba muy contento de volver a ver a sus hermanos espirituales. Se abrazaron con mucho afecto e intercambiaron algunas palabras de amor y de solicitud. También saludó a sus hermanas espirituales, Gayatri (Swamini Amritaprana) y Saumya (Swamini Krishnamritaprana), y les preguntó cómo estaban. Además de Gayatri, Saumya y los *brahmacharis*, otros tres devotos viajaban con Amma: Gangadharan Vaidyar, un médico ayurvédico, su esposa y Chandradas, él también originario de Kerala. Experimentaban como una gracia el hecho de poder acompañar a Amma en el transcurso de su primera gira mundial.

Después de unos encuentros cortos y algunos breves intercambios con todos, Amritatma se unió a Amma, a quien los devotos acompañaban hacia el vehículo que la esperaba afuera. Pero antes de llegar a la puerta, Amma se giró de repente hacia la derecha y fue a sentarse en una silla.

Darshan en el aeropuerto

Una vez sentada, Amma miró a todos los que habían venido a verla y que ahora se agolpaban a su alrededor. Les sonrió con mucho afecto, tendió los brazos y dijo en inglés: "Come my children" (Venid, hijos).

Amritatma pensó: "¡Oh, Dios mío! ¿Va a dar *darshan* ahora a todo el mundo?"

Se inclinó hacia delante y susurró a Amma: "¡Amma, todavía estamos en el aeropuerto! ¿No sería mejor dejar el *darshan* para mañana, en la casa prevista para ello?"

Viendo su rostro inquieto, Amma le sonrió con aspecto tranquilizador y le dijo: "No. ¿Qué problema hay si damos el *darshan* aquí y ahora?"

"Pero Amma", protestó, "¡Es un aeropuerto! Las autoridades nos están mirando y van a preguntarse qué cosa tan extraña está pasando aquí". Pero un devoto ya estaba arrodillado ante Amma, quien le acogió en su cálido y maternal abrazo. Amma ya había empezado a dar el *darshan*. Es simplemente su naturaleza. ¿Cómo iba a actuar de otra manera, ella que es la madre de todos?

Uno tras otro, se dirigieron todos hacia Amma para recibir su abrazo, y después se sentaron en el suelo a su alrededor, contemplando este milagro extraordinario. Parecían llenos de la paz y el amor que con tanta fuerza emanaban de Amma.

Este espectáculo poco habitual en medio del aeropuerto atrajo la atención de algunos policías y viajeros, que se quedaron durante un momento a mirar.

Hoy en día escenas parecidas tienen lugar en todos los aeropuertos en los que Amma llega para dar *darshan* en alguna ciudad determinada. En 1987, en el transcurso del primer viaje a América, no había para dar la bienvenida a Amma más que un pequeño grupo de personas. Pero ahora, en el momento de la redacción de este libro, en todos los aeropuertos del mundo una gran multitud viene a dar la bienvenida a Amma o a despedirla.

Los aeropuertos fueron escenario de numerosas anécdotas interesantes. Cuando Amma sube o baja del avión, cuando espera en la sala de embarque, acoge a sus hijos con los brazos abiertos y expresa su amor abrazándoles y besándoles.

Amma ha declarado respecto a sus abrazos y sus besos: "Los abrazos y los besos de Amma no deben considerarse como si fueran comunes. Cuando Amma abraza o besa a alguien se trata de un proceso de purificación y curación interior. Amma insufla a sus hijos una parte de su energía vital pura, lo cual les permite experimentar el verdadero amor incondicional. Cuando Amma tiene a una persona en sus brazos, esto puede contribuir a despertar en ella la energía espiritual latente que la conducirá a la meta final de la realización del Ser."

Muchas veces Amma ha atrapado al paso a un piloto, a una azafata o a un pasajero y ha expresado su amor universal tomándoles en sus brazos y abrazándoles. Por muy sorprendente que esto pueda parecer, jamás nadie ha protestado ni manifestado reacción negativa alguna. Por el contrario, todos sin excepción se han abierto espontáneamente al amor de Amma. Por lo general, Amma se acerca a las personas y las abraza incluso antes de que tengan tiempo de darse cuenta de nada. El hecho de que los desconocidos se muestren tan receptivos al *darshan* de Amma cuando lo reciben de esta manera inesperada, nos recuerda sus palabras: "Es imposible rechazar el verdadero amor. No se puede más que acogerlo con un corazón abierto. Cuando un niño sonríe, ya sea el hijo de vuestro amigo o el de vuestro enemigo, no podéis impedir responder a esa sonrisa, ya que el amor del niño es muy puro e inocente. El amor puro es como una bella flor cuyo perfume es irresistible".

En julio de 1995, cuando se dirigía a Europa después de su gira americana, se produjo un incidente divertido. Antes del control de pasaportes, Amma, como tiene por costumbre, se sentó para recibir a los cientos de devotos que habían venido a despedirla. Estaba completamente rodeada de sus hijos, que permanecían sentados en el suelo a su alrededor, deseando estar lo más cerca de ella que fuera posible. Viendo a la gente reunirse alrededor de Amma, algunos pasajeros se fueron de sus asientos para sentarse en otra parte. Un señor de una cierta edad, absorto en la lectura de su diario, no fue lo suficientemente rápido. Antes de que hubiese tenido tiempo de comprender lo que pasaba, Amma estaba sentada a su lado, y los devotos, como un enjambre, no le dejaron ni un centímetro para poder levantarse e irse. El pobre hombre parecía inquieto. Era una situación embarazosa. ¿Qué iba a hacer? No tenía otra elección más que quedarse y absorberse en su lectura. Se ocultó el rostro con el periódico, tratando de esconderse lo más posible detrás de las grandes páginas abiertas. Pero, ¿cuánto tiempo podría permanecer así? Amma estaba dando el *darshan* a todos. Con el corazón pesado y los ojos llenos de lágrimas ante la perspectiva de la inminente separación, los devotos cantaron:

Take me away

Llévame
¿No vas a llevarme?
Déjame reposar un momento en tus brazos
Llévame
¿No vas a llevarme?
Deja que me bañe en la dulzura de tu sonrisa
Amma, llévame
Llévame.

El nerviosismo del pobre hombre no hacía más que acrecentarse. Algunas personas a su lado se expresaban con lágrimas, pero también reían cuando Amma bromeaba con ellas o cuando jugaba con un niño. El vecino de Amma parecía aprisionado. A pesar de todos sus esfuerzos, no pudo seguir ignorando la gran fiesta de amor que se estaba celebrando justo a su lado. De vez en cuando, su curiosidad aumentaba, y echaba un discreto vistazo desde detrás de su diario. La atracción irresistible de Amma había comenzado a ejercerse sobre él.

Al principio, miraba a Amma cada treinta segundos. Poco a poco, los intervalos se redujeron a algunos segundos. Acabó por estar tan cautivado por el espectáculo, que dejó su periódico y contempló a Amma. Poco tiempo después, con gran gozo por parte de todos, le preguntó: "¿Puede tomarme también a mí en sus brazos? ¡Parece tan maravilloso y apasionante!" Antes de que Amma hubiese tenido tiempo de responder, cayó sobre su hombro, y entonces le apretó tiernamente contra ella. Esto desencadenó una risa general, que atrajo la atención de los demás pasajeros que se daban la vuelta para mirar al grupo.

Durante algunos segundos, los hijos de Amma consiguieron olvidar que iba a partir, y que tendrían que esperar todo un año antes de que volviese.

Una primera tarde memorable

Desde el aeropuerto, un vehículo condujo a Amma a casa de los Rosner. Nealu, Amritatma y Gayatri viajaban con ella.

Amma les describió brevemente los acontecimientos que se habían producido en el ashram de Vallickavu después de su partida. Les contó lo tristes que estaban los residentes del ashram y los devotos por verla partir por tanto tiempo.

Amma se dirigió a Amritatma y le dijo: "¿Has enloquecido a fuerza de pensar en Amma? ¡Hijo, Amma conoce muy bien tu corazón! Cuando te fuiste de la India, Amma dijo a Gayatri lo difícil que te resultaría soportar la separación".

Amritatma miró el rostro de Amma, que expresaba una gran solicitud y una profunda compasión. Respondió: "Amma, esta locura es sólo ocasional. No me veré bendecido hasta que hagas que sea total".

"Hijo, esto es lo que pediste cuándo viste a Amma por primera vez"

(Amma hacía alusión a su primer encuentro en julio de 1979. Le dijo entonces que ella no era más que una "chica que estaba loca", a lo cual él había respondido: "Amma, yo también quiero un poco de esta locura")

Después, Amma se dirigió a Nealu y le dijo: "¿Cómo van las cosas, viejo? ¿Cómo va tu salud?" (Amma a veces llama a la gente seria, "viejo").

Nealu sonrió y dijo: "Todo va bien por la gracia de Amma". A continuación le esbozó un breve resumen de su gira por las diferentes ciudades y los programas que habían desarrollado.

Tardaron una hora en llegar a casa de Earl. Allí dieron a Amma una calurosa bienvenida. La casa estaba llena de devotos, impacientes por verla. Cuando salió del coche para dirigirse hacia la entrada, todos cantaron el mantra "Om Amriteshvaryai Namah". Earl y Judy realizaron el *Pada Puja* a los pies sagrados de Amma, y su hijo de dos años, Gabriel, consiguió ponerle una guirnalda. Después de que Earl había decidido confiarle esta tarea, el niño no había dejado de hablar de ella con entusiasmo. Dijo a todos los que se encontraba a su paso: "¿Sabes que voy a ponerle a Amma la guirnalda?"

Una vez que hubo terminado la ceremonia de bienvenida, Nealu insistió para que Amma descansase, después del largo y cansado vuelo que acababa de tener desde Singapur. Sin ni siquiera contestarle, Amma se sentó en una silla cubierta con una bonita tela de seda que le habían preparado con amor.

Antes de partir para el aeropuerto, Nealu había quitado la silla del comedor, temiendo que Amma, si la veía, se sentase de inmediato para dar el *darshan*. Sin embargo, alguien había vuelto a poner la silla en su sitio antes de que llegase Amma. Nealu se enfadó mucho por ello, puesto que, para él, nada era más importante que la salud de Amma, y deseaba desesperadamente que descansase, pero estaba escrito que Amma no lo haría, pues su compasión infinita jamás deja de fluir hacia sus hijos.

Amma llamó a todos, uno por uno, para el *darshan*. Tomaba la cabeza de la persona que se arrodillaba ante ella, la colocaba sobre sus rodillas, y después sobre su hombro, la estrechaba contra sí. Cuando la persona se levantaba para ir a su sitio, quedaba tranquila y llena de dicha. Después de haber recibido el *darshan*, Steve Fleischer se levantó titubeante como si estuviese borracho. Fue hacia Amritatma e intentó explicarle lo que sentía, pero fue incapaz de decir nada, puesto que, como se podía leer en su cara radiante, su corazón estaba desbordante. Amritatma le sugirió que se sentase para meditar durante unos instantes. Steve, cuyo rostro albergaba una expresión serena, fue a sentarse en un rincón de la sala.

Mientras Amma siguió abrazando a sus hijos, entonó dos cantos:

Durge

¡Victoria a la Madre Durga! ¡Oh Madre!
¡Océano de compasión!
¡Madre Kali!
¡Adornada con una guirnalda de cráneos humanos! [1]
¡Tú, que cuidas al mundo!
¡Victoria a la divina Madre del Universo!

Radhe Govinda Bhajo

¡Oh Radha!
Bien amada de Krishna,
Radha, Tú que adoras al Señor de las vacas
¡Oh Radha, belleza sin par!,
Tú que nos liberas del dolor,
Bien amada de Krishna, Señor de las vacas,
¡Oh Radha!
Bien amada de Krishna, Señor de las vacas.

---

[1] Los cráneos que lleva Kali alrededor del cuello simbolizan la muerte del ego.

Cuando todo el mundo hubo pasado al *darshan*, Amma pidió una fruta, que cortó en pedacitos. Con su propia mano, puso un trozo de este *prasad* en la boca de cada uno de los presentes. Luego se sentó en el suelo para jugar con Gabriel. Al cabo de un momento llegó un devoto y Amma lo llamó para el *darshan*. Mientras estaba en sus brazos con la cabeza en su hombro, Gabriel, que se encontraba justo detrás de él, se puso a tirarle de la camisa diciendo: "¡No, es mi madre!" Amritatma se lo tradujo a Amma, que se dirigió a Gabriel y le dijo: "¿Acaso Amma sólo te pertenece a ti? Sin dudarlo, Gabriel asintió con la cabeza y dijo: "¡Sí!" Su inocente observación hizo reír a todo el mundo.

Earl y Judy tienen dos hijos, Arlo y Gabriel. La idea de ver a Amma les había entusiasmado, sobre todo a Gabriel, el menor. No tenía más que dos años, pero parecía poseer la madurez interior de un hombre de veinticinco. Era un niño muy amable e inteligente.

El nacimiento de Gabriel se debió a la gracia de Amma. Después de la llegada al mundo de su primer hijo, Earl y Judy deseaban otro, pero Judy no lograba concebirlo. Earl escribió a su hermano Nealu para comunicarle su deseo. Nealu respondió: "He dicho a Amma que deseabas tener otro hijo. Ella no cree que el hecho de no tenerlo esté escrito en los astros, pero, sin embargo, va a hacer un *sankalpa* (tomar una resolución) para que tengáis un segundo bebé." Poco tiempo después Judy quedó embarazada de Gabriel.

Amma se dirigió a la cocina. Llamó a todo el mundo y ella misma sirvió la cena. Eran las 11:30 de la noche. Los que habían viajado con ella estaban agotados. Pero incluso después de un vuelo de dieciséis horas, Amma estaba todavía fresca y desbordante de energía. Dedicó tiempo a todos, entregándose sin parar, ofreciendo todo su ser.

Nealu estaba muy agitado porque se inquietaba mucho por Amma. No dejaba de murmurar: "¿No hay nadie que la convenza para que se vaya a descansar?" Pero sus palabras no tuvieron efecto alguno.

Un hombre vino a preguntar a Amritatma: "¿Amma siempre es así, o sólo en algunas ocasiones?"

Amritatma respondió: "¡Hermano, toda su vida es así! No puede comportarse de otra manera. Día y noche está disponible para todos los que se le acercan. La vida de Amma es una ofrenda al mundo. Allá donde vaya, se celebra una fiesta - la fiesta del amor puro e inocente".

El hombre se dirigió a Amma, que seguía sirviendo, y la miró con una expresión de respeto sagrado y admiración.

Hacia las doce y media de la noche Amma se retiró, por fin, a su habitación.

El primer darshan oficial en américa

Al día siguiente por la mañana todo el mundo se levantó temprano. El comienzo del *darshan* estaba previsto para las nueve y media. Durante la primera gira mundial, la mayor parte de los programas matinales se celebraban en casa de los devotos. Los de la tarde se celebraban con mas frecuencia en salas e iglesias, con excepción de los *Devi bhavas*, que se organizaban todos en la sala de estar de los devotos.

Los *brahmacharis* y algunos otros se apresuraron a hacer los últimos prep*arativ*os para el *darshan*. La gente comenzó a llegar desde las ocho y media, y a las nueve el salón de los Rosner ya estaba casi lleno. Amma hizo su entrada a las nueve y treinta exactamente. Todo el mundo se levantó en señal de respeto. Amma se puso de rodillas y se inclinó ante todos, tocando el suelo con la frente. Después se sentó en una pequeña alfombra que se había preparado especialmente para ella, cerró los ojos y se puso a meditar, sumiéndose profundamente en su mundo de soledad trascendental.

Los demás siguieron su ejemplo y también se pusieron a meditar. La presencia de Amma permitió a todos interiorizarse sin dificultad. Poco después, Amma se levantó, se sentó en la silla preparada para el *darshan* y empezó a dar la bienvenida a la gente.

En el transcurso de esa primera gira no había que hacer cola para el *darshan*. Amma llamaba a cada persona una a una dedicándole mucho tiempo y preguntándole sobre su vida. Amma es omnisciente, sin embargo, hacía preguntas para ayudar a que abrieran sus corazones. La atención personal que Amma prestaba y su manera única de recibir a cada persona individualmente, sin preocuparse del tiempo que tenía que quedarse sentada, constituía para esos devotos una experiencia nueva que les llenaba de una profunda dicha espiritual. El poder curativo de su presencia era igualmente notable.

En aquella época, cuando alguien hacía una pregunta, si no era demasiado personal, Amma pedía a Amritatma que la tradujera en voz alta para todo el mundo y daba una respuesta que servía para todos.

En el transcurso de la jornada Amma cantó varios *bhajans*. A veces solía entrar en *samadhi* en medio de un canto. Cuando esto sucedía, Amritatma seguía con el canto y lo finalizaba.

Las personas estaban tan impactadas por la presencia de Amma que algunos cantaban y bailaban de alegría. Durante toda la duración del *darshan* la gente entonaba cantos espirituales en inglés, en malayalam y en sánscrito, uniendo así de forma interesante a Oriente y a Occidente. Un hombre llamado David tocó el arpa y cantó himnos tradicionales en inglés. Estos cantos eran oraciones enriquecidas con un profundo sentimiento.

Escucha, escucha, escucha
El canto de mi corazón
Nunca te abandonaré
Jamás te olvidaré

Mucha gente lloraba al acercarse a Amma, o cuando les tomaba en sus brazos. Amma estaba radiante de amor. La expresión de su rostro pasaba de la alegría a la compasión, y a una profunda solicitud cuando enjugaba las lágrimas de los que lloraban, consolándoles y dándoles consejos, cuidando así de las profundas heridas que habían recibido en el pasado.

Una mujer de Taos cantó:

¿Qué maravilloso amor es ese
para mi alma, para mi alma?
¿Qué maravilloso amor es ese
para mi alma?
¿Qué maravilloso amor es ese
para que la Madre Beatitud
nazca en esta tierra
para mi alma, para mi alma
que nazca en esta tierra para mi alma?

Me postraré a tus pies
a tus pies me postraré
Me postraré a tus pies
Tú que has colmado mi amor,
Tú has colmado mi amor,
Tú has colmado mi vida con tu amor
De tu amor
has colmado mi vida con tu amor

Cantaré para tu forma bien amada
Cantaré
Cantaré para tu forma bien amada
Cantaré para Mata Amritanandamayi
Cantaré
Para Mata Amritanandamayi cantaré.

Y cuando me vea libre de la muerte,
seguiré cantando, seguiré cantando
y cuando me vea libre de la muerte, seguiré cantando
Cantaré y estaré alegre
Para la eternidad cantaré
Cantaré
Para Mata Amritanandamayi cantaré

Alguien preguntó: "Amma, ¿cómo te sientes aquí, en Occidente, comparado con la India? Hay una gran diferencia, ¿verdad?"

Amma sonrió y respondió: "La barrera creada por el cuerpo y la mente engendra diversidad. Cuando trascendéis esta barrera desaparecen todas las diferencias. Amma no tiene sentido de diferencias. Todos los seres son hijos suyos, y los tres mundos su morada. Esta es la experiencia de Amma. Y ya sea aquí o en la India, Amma sólo existe; ella ve en todos a su propio Ser. Cuando estáis unidos a la Conciencia Suprema, ¿cómo vais a percibir diferencias? Para Amma no existe aquí y allá. Dondequiera que vaya, Amma está a la vez aquí y allá. No se trata de Oriente ni de Occidente. Una flor tiene varios pétalos, pero no hay más que una sola flor. El cuerpo humano está compuesto de varias partes, pero forman un sólo cuerpo. De la misma manera, el mundo está compuesto de numerosos países, culturas, lenguas, razas y personas diferentes, pero para Amma no hay más que el todo, el Uno.

Mientras te identifiques con el cuerpo experimentarás la división. La conciencia del cuerpo implica la percepción del tiempo y del espacio, y en el tiempo y el espacio surgen diferencias tales como las referentes a la religión, la casta, la raza y la nacionalidad. Esta división hace que todo aparezca diferente y separado de vosotros mismos.

La gente ha olvidado la Conciencia única que une al conjunto de la creación. Se sienten, pues, extraños. Una conciencia común no percibe en todas partes más que diferencias, pero para el alma que ha realizado al Ser y ha trascendido el cuerpo, estas diferencias no existen. Para un alma semejante todo forma parte de la Conciencia universal única. Percibe claramente que todo está unido y que no existen entidades separadas, sino que cada objeto constituye una parte del Todo. En este estado, es tu propio Ser el que se percibe en todas partes y en todo, aquí y allá, encima y debajo, en todas direcciones, tanto en la fealdad como en la belleza. A cualquier lugar que vaya un alma semejante, allí encontrará siempre a su propio Ser. El Ser está presente en todo momento, nunca está ausente, está consciente siempre y nunca está inconsciente; se trata, naturalmente, de las profundidades de nuestro ser interior. No es extraño para nadie puesto que es la Conciencia omnipresente. En este estado no existe un sólo segundo en el que no se esté perfectamente consciente".

Amritatma, que se encontraba cerca de Amma y traducía sus palabras, se acordó de un día de 1982 en que estaba preparando su licenciatura de filosofía. Se hallaba sentado en una habitación con su profesor, que había aceptado venir a darle clases al ashram. Estaban discutiendo a propósito de un aforismo extraído de los Yoga Sutras de Patanjali. El profesor no tenía fe en Amma. Dijo a Amritatma: "¡Escucha!, no creo ni por un solo momento que tu Madre haya alcanzado ese estado. Por supuesto creo que existe un estado de conciencia al cual se puede llegar entregándose a la práctica de las austeridades (*tapas*). Pero en absoluto estoy convencido de que tu Madre sea omnisciente."

La observación del profesor hirió a Amritatma. Al mismo tiempo, lo tomó como un desafío a su propia fe. Se vio a sí mismo impulsado a decir al profesor: "Muy bien, si esto es lo que usted piensa de Amma, le voy a probar que es omnisciente. Voy a mostrarle cómo responde a mis oraciones. ¡Permítame unos minutos, y vea lo que pasará luego!"

Amritatma se giró hacia el modesto altar que allí se encontraba. Cerró los ojos y lloró con gran fervor ante la pequeña foto de Amma: "Amma, mi dios y mi gurú, te lo ruego, no pienses que soy orgulloso o que quiera darme a valer. Personalmente no tengo duda alguna sobre tu divinidad, pero permite que el profesor comprenda que eres omnisciente; sería una bendición para él. Sin embargo, Amma, tú sabes lo que mejor conviene. Hágase tu voluntad"

Amritatma hizo una postración completa ante la foto. Mientras ofrecía su oración a los pies de Amma, quedó tan emocionado, que rompió a llorar. De repente, oyó decir a alguien: "¡Amma te está llamando!" Amritatma se puso de rodillas y miró hacia la puerta. Un *brahmachari* estaba en el umbral de la puerta diciéndole de nuevo: "¡Amma te está llamando!".

La alegría de Amritatma no conocía límites. Lleno de gratitud, se postró de nuevo ante la foto de Amma y dijo tranquilamente: "Amma, ¿has respondido tan pronto a la oración de tu hijo?". Con lágrimas en los ojos, miró al profesor y le preguntó: "Y bien señor, ¿qué piensa usted ahora?" El profesor no respondió nada; Amritatma se excusó y salió con rapidez.

La choza donde se celebraba el *darshan* se encontraba a menos de cincuenta metros. Al llegar, miró por la puerta y vio que la choza estaba llena de gente que había venido para recibir el *darshan* de Amma. Ella echando un vistazo hacia la puerta, sonrió al verle. "Hijo, ¿has llamado a Amma?", le preguntó. Oyendo las dulces palabras de Amma, tan apaciguadoras, brotó una alegría inexcusable en su corazón. Se quedó en el umbral de la puerta derramando lágrimas de dicha. Amma lo miró intensamente y le dijo otra vez: "Hijo, ¿has llamado a Amma?"

Amritatma estaba tan emocionado que no pudo responder. Por supuesto, Amma sabía lo que había pasado y era inútil decirle nada. Se sentó y se puso a sollozar como un niño, tapándose la cara con las manos. Cuando Amritatma volvió poco después a su habitación, contó al profesor lo que había pasado. Con una voz que expresaba un profundo remordimiento, éste dijo: "¿Quién soy yo, pues, para juzgar a Amma? Pero déjame confesar que ahora estoy de acuerdo contigo en reconocer su omnisciencia".

Después de este incidente, el profesor se hizo devoto.

Esta anécdota ilustra el hecho de que Amma está presente siempre y en todas partes, puesto que es Una con la Conciencia suprema. No hay un momento en el que no sea omnipresente. No existe ningún lugar del cual esté ausente.

Amritatma recordó también una de las experiencias que la *brahmacharini* Lakshmi le había contado. Tuvo lugar antes de que la llamaran para servir a Amma personalmente. Un día se encontraba trabajando en alguna parte del ashram. Hacía mucho calor y deseaba intensamente agua fresca, pero como la única nevera se encontraba en la habitación de Amma, sabía que no tenía oportunidad alguna de conseguirla. Poco después llegó una niña y le dio un vaso de agua helada diciendo: "Amma me ha dado esto para que te lo traiga". Sorprendida, Lakshmi preguntó a la niña que le contara lo que había pasado. Ésta le dijo que, como de costumbre, alguien había pedido a Amma que bebiese durante el *darshan*, pero en lugar de aceptar, Amma había declarado: "Da esto a Lakshmi. Tiene mucha sed y quiere beber agua fresca." La niña había llevado, pues, el vaso a Lakshmi.

Existen innumerables ejemplos, todos igual de sorprendentes, de la omnisciencia de Amma. Nos ayudan a comprender claramente que no está limitada al cuerpo ni a la mente, y que su corazón desbordante de compasión y sus manos tendidas siempre están dispuestas a ayudar a sus hijos allá donde se encuentren.

Un momento de dicha

Una pareja, John y Linda, estaban sentados al lado de Amma. Dijeron a Amritatma: "La manera en la cual Amma recibe a la gente es incomparable. Es inaudito. Su contacto y el amor materno que nos da, en su forma más pura, es exactamente lo que necesitamos. Occidente jamás ha conocido nada igual"

"Oriente tampoco", respondió Amritatma.

John añadió: "¡Mira esa gente!, está en otro mundo. Es una curación divina. La primera vez que hemos visto a Amma, su contacto, la manera en la que nos ha mirado, todo ello ha tenido un efecto formidable en cada uno de nosotros. Amma ha eliminado tanto sufrimiento..."

Se le llenaron los ojos de lágrimas. Su mujer, Linda, que tenía graves problemas respiratorios y estaba demasiado enferma para viajar o incluso para sentarse, venía, sin embargo, a los programas mañana y tarde, sólo para encontrar la paz extraordinaria que experimentaba en presencia de Amma.

Mientras hablaban, una persona de color, de mediana edad, que había venido con su joven esposa y su hijo de tres años, se levantó de repente y se puso espontáneamente a bailar y a cantar: "¡Hemos visto al Cristo! ¡Amma, su compasión y su amor divino nos han permitido ver a Cristo el Señor! ¡Amma y el sacrificio de sí misma nos han hecho ver a Jesucristo el Salvador!"

Parecía perdido en un éxtasis divino, y su voz era tan contagiosa que los demás devotos se unieron a él dando palmadas repitiendo el canto a coro. El niño bailaba alegremente al lado de su padre. Algunos minutos después todos los devotos estaban de pie bailando en el salón de los Rosner repitiendo la letra del canto. El estribillo: "¡En Amma hemos visto al Cristo nuestro Señor!", resonaba en toda la habitación. El baile y el canto duraron un momento; después, finalmente, la gente se sentó en el suelo y la atmósfera se volvió tranquila y serena. Una vez sentados se pusieron espontáneamente a meditar.

La misma presencia divina de Amma, que les había hecho danzar de alegría un momento antes, ahora les incitaba a sumergirse en una profunda meditación. Lágrimas de dicha brotaban en el rostro de numerosos asistentes.

Durante la primera y segunda gira mundial la gente podía aprovechar durante mucho tiempo la presencia física de Amma. A menudo había personas que pasaban hasta diez minutos en sus brazos sobre todo cuando Ella se ponía espontáneamente a cantar durante el *darshan*. Entraba entonces en estado de éxtasis, y la persona a quien tocaba el turno podía permanecer en sus brazos hasta el final del canto. Cuando Amma cantaba de esta manera, se balanceaba de un lado a otro como si su regazo fuese una cuna y el canto una arrulladora sagrada para el hijo que reposaba en sus rodillas. Esto no ocurrió más que durante la primera y segunda gira mundial. El número de personas que venía al programa se hizo demasiado numeroso y Amma dejó de cantar de esta manera durante el *darshan*.

El tiempo que Amma consagraba a cada persona era tan largo, que el *darshan* duraba a menudo desde las nueve y media de la mañana hasta muy entrado el mediodía. Durante seis o siete horas no se movía de su silla.

El programa de la tarde empezaba a las siete, poco tiempo después del final del *darshan* de la mañana, y terminaba al amanecer. Amma tenía poco tiempo para descansar. Se contentaba con ignorar su cuerpo y sus necesidades, con el fin de ayudar a los demás. Un devoto dijo: "Amma me recuerda a Jesús crucificado, que sacrificó su vida por el mundo entero"

Jnana yoga y karma yoga

Durante uno de los *darshan*s un devoto hizo la siguiente pregunta: "Amma, ¿por qué los *jnanis* (los que siguen el sendero del conocimiento o *jnana* yoga) suelen glorificar la vía del conocimiento, mientras condenan el *karma* yoga (la vía de la acción)? Incluso en el Bhagavad Gita, Sri Krishna critica la parte de los Vedas consagrada al *karma* yoga. Afirma que el *jnana*, el conocimiento, es lo más elevado. El Señor declara:

> *"Así pues, se han prescrito diferentes sacrificios por los Vedas. Sabe que todos nacieron de la acción; sabiendo esto, serás libre. Nada purifica tanto como el conocimiento"* [2]

Amma, ¿quiere esto decir que incluso Sri Krishna, que era un *jnani* perfecto, recomendaba el sendero del conocimiento en preferencia al de la acción?"

Amma: "Hijo, Amma no cree que los *jnanis* hayan proclamado jamás ninguna de las diferencias que tú señalas entre el sendero del conocimiento y el de la acción. ¿Por qué Sri Krishna iba a condenar la vía de la acción, Él que dio el ejemplo perfecto de la manera de vivir y de actuar en el mundo, aunque fuese, en realidad, un perfecto *jnani* y viviese en la plenitud (*purnam*)? No hay nada incorrecto en las palabras de los *jnanis*; es la interpretación que la gente da de ellas, lo incorrecto.

"Podemos dividir nuestra vida en dos aspectos: por una parte, actuamos, por otra, cosechamos el fruto de nuestros actos. En el estado de vigilia el cuerpo y la mente están activos. En el

---

[2] *Srimad Bhagavad Gita*; capítulo 4, versos 32 y 38.

sueño el cuerpo está inactivo, pero la mente está activa y por ello soñamos. Las impresiones creadas en el subconsciente, es decir, la parte de nuestras acciones que no ha sido satisfecha, se proyecta en forma de sueños. Además, incluso si no actuamos en el ámbito exterior, la sangre continúa circulando y el corazón latiendo; esto también son acciones. En otras palabras, mientras tengamos un cuerpo, una mente y un intelecto, nos será imposible abstenernos de alguna forma de acción."

Como estamos apegados a los frutos de nuestros actos, toda acción tiende a atarnos, pero también puede servirnos como un escalón para liberarnos de la acción.

Los rituales védicos

"Los Vedas prescriben numerosos rituales. La gente tiende a apegarse demasiado a estos rituales en lugar de comprender su sentido profundo y trascenderlos. Los rituales védicos y los mantras que forman parte de ellos, purifican la atmósfera y son favorables para la humanidad. Por supuesto que tienen grandes efectos benéficos, pero no pueden compararse en nada a los bienes inconmensurables que la humanidad recibe de una persona que ha alcanzado la realización. Cualquiera que sea la importancia y el valor de los rituales, el que los practica debe esforzarse por ir más allá de ellos y encontrar en sí mismo la Verdad final. Es la meta misma de la religión: darse cuenta de que no hay dios o diosa que exista fuera de nuestro propio Ser interior. Esta experiencia suprema de unidad con la Verdad es el fundamento de todas las enseñanzas religiosas. ¿De qué sirve, pues, practicar la espiritualidad o los rituales védicos si esto no nos conduce a esta experiencia de Unidad? La simple presencia de un alma realizada, su soplo, su contacto, su mirada y su palabra, tienen el poder de purificar y elevar a los que entran en contacto con ella. Incluso la brisa que acaricia su cuerpo, su propia saliva, poseen esta virtud.

No se recomienda conceder una importancia exagerada a los rituales y apegarse demasiado a ellos olvidando su verdadero objetivo, que es conducir al buscador a la experiencia interior de la Verdad. Sin duda, esto es lo que Sri Krishna quería decir. Amma no pretende decir que conoce el Bhagavad Gita, pero cree que por esta razón el Señor criticó la parte de los Vedas dedicada al *karma kanda*. En aquella época quizá la gente estaba demasiado apegada al aspecto ritualista de los Vedas, mientras que rechazaba la parte que se consagraba al *jnana*.

Si Krishna hubiese nacido en nuestra época criticaría seguramente a los llamados *jnanis*, que se contentan con hablar del Vedanta sin tener la mínima experiencia de él y sin practicarlo de manera alguna. Pero celebraría la grandeza de los rituales védicos. ¿Sabéis por qué? Porque hemos olvidado estos rituales de los cuales el mundo tanto podría beneficiarse. No solamente los rituales védicos, sino toda acción (*karma*), cualquiera que sea, está destinada a purificarnos la mente, pero eso sólo es posible si cultivamos la actitud adecuada. Una vez que la mente y los sentidos se han purificado renunciamos a toda acción y nos dirigimos hacia el interior en busca de la Verdad. Cuando accedemos a esta pureza, la sed de conocer la verdad se vuelve ardiente y miramos espontáneamente hacia el interior. Esta aspiración nos permite finalmente obtener la experiencia de la Verdad. En el estado de unidad no hay Vedas, dioses ni diosas que no sean el Ser. Todo se percibe como el mismo Ser único.

Las Escrituras afirman que para aquel que ha llegado al conocimiento supremo, al estado de *jivan mukti*, al conocimiento de que todo es el *Atman*, los Vedas dejan de ser Vedas y los dioses dejan de ser dioses.

La experiencia de la unidad con la Verdad interior es la meta de todas las religiones. ¿Para qué iban a existir éstas si no se pudiese lograr este conocimiento? Todo el mundo, cualquiera que sea su nacionalidad, ya sea rico, pobre, ignorante o sabio, tiene la sensación de que Dios es diferente de sí mismo; que se trata de una entidad separada. ¿De qué sirve la religión o los principios espirituales si los así llamados profesores religiosos son ignorantes de la verdad interior? Mientras sigan sumidos en la ignorancia no es incorrecto criticarles. Esto es lo que Krishna sin duda quiso decir en el Gita, puesto que vino al mundo con el objetivo de despertar a la gente al conocimiento verdadero. Hoy la situación es diferente. Hay personas que se enorgullecen de ser *jnanis* sin poseer el conocimiento, es decir, sin haber logrado la experiencia directa de *jnana*. Creen que un *jnani* es alguien cuya cabeza está llena de una multitud de conceptos intelectuales. No se dan cuenta de que llevan un pesado fardo y que esta actitud no les conduce a ninguna parte.

Karma y *jnana* están unidos. No podéis pretender ser un *jnani* sin antes haber adquirido la pureza mental necesaria cumpliendo ciertas acciones mencionadas en las Escrituras (los Vedas). No es posible acceder de un salto al estado de *jnana*. Es necesaria una evolución lenta y regular como en el caso del crecimiento de un niño. No podréis exigir a un niño que se haga adulto en uno o dos días. El niño debe pasar por diversas etapas, y esto no se produce en un instante.

La impaciencia destruye

"De igual manera, el crecimiento espiritual es producto de una evolución y no de una revolución. En su impaciencia, la gente tiende a ser revolucionaria. Pero una revolución resulta siempre destructora. Desgraciadamente, en nuestra época moderna la gente pide progresos espirituales tan rápido como sea posible. Piden nada menos que la realización instantánea. Podéis imaginar a una madre que dijese a su bebé: ' ¡quiero que te hagas adulto al momento! ¿Por qué vas a ser un bebé durante tanto tiempo? ¡Date prisa, no tengo tiempo para esperar! ' ¿Qué pensaríais de una madre semejante? Creeríais que es una insensata o que está totalmente trastornada. La gente quiere milagros. No tienen paciencia para esperar ni para realizar el más mínimo esfuerzo. No comprenden que el verdadero milagro consiste en abrir su corazón a la Verdad Suprema. Pero este florecimiento interior es un proceso lento y regular. La naturaleza procede siempre por evolución. Incluso cuando se trata de la eclosión de una flor, Dios aporta el mayor cuidado y tiene una paciencia extrema, y la eclosión de la flor es un milagro. Son precisos nueve meses antes de que un niño esté preparado para nacer, y este nacimiento es un milagro. Dios jamás tiene prisa. Procede por evolución. Sólo así puede efectuarse un crecimiento verdadero.

Amma no dice que sea imposible que la realización suprema se produzca en un segundo. Podría llegar en todo momento por la gracia del maestro. Pero, ¿estáis preparados? Hay personas que dicen: "¿Por qué tendría que prepararme, si ya soy Eso?" Sí, eres Eso, pero ¿qué hay del fardo de negatividad que sigues llevando? ¿Qué hay de tu ego? Mientras exista la más mínima huella de apego tenéis que trabajar para liberaros de ella. El sentimiento de que sois el cuerpo y la mente es una forma de apego, al igual que la ira, el odio, el deseo y la envidia. Cuando os halláis bajo el embate de tales sentimientos os resulta imposible conocer la Verdad que está en vosotros y que es vuestra verdadera naturaleza. Por ello, es necesario el proceso del *sadhana* (prácticas espirituales).

La gente tiene innumerables deseos y exigencias que quiere satisfacer tan pronto como sea posible. Desean resultados, pero no tienen paciencia para trabajar y obtenerlos. Para convertirse en un gran artista, un gran sabio o para hacer fortuna, a la gente le parece normal que haya que estudiar durante años. Pero cuando se trata de realizar a Dios se quiere un éxito inmediato. La impaciencia sólo tiene efectos negativos.

Todo el mundo conoce la historia de los Pandavas y los Kauravas. Los Pandavas nacieron gracias al poder de los mantras (fórmulas sagradas), y Yudhisthira, el mayor de los cinco hermanos Pandavas, vino al mundo después de que su madre Kunti hubiese invocado a una divinidad. La reina Gandhari, que estaba embarazada en aquel momento, se vio presa de una gran impaciencia. Se golpeó el vientre con tanta violencia, que se provocó un falso alumbramiento y dio a luz a un amasijo de carne. En este instante, un gran sabio se apiadó de ella y acudió en su ayuda. Dividió el trozo de carne en 100 pedazos y depositó cada trozo en un pote sellado. Insufló su energía vital en cada uno de los cien potes y conminó a Gandhari a que no los abriese antes de transcurrido un cierto período de tiempo. Pero una vez más, la impaciencia se apoderó de Gandhari, y se vio incapaz de esperar, con lo cual procedió a abrir los potes antes de llegado el plazo. Por esta razón los Kauravas nacieron imperfectos y llenos de malas disposiciones mentales. Fueron el instrumento de la destrucción de todo el clan.

La impaciencia impidió a Gandhari esperar a que el *sankalpa* del sabio surtiese efecto. Si hubiese tenido bastante paciencia, habría tenido hijos brillantes y virtuosos como los Pandavas. Los gérmenes de bondad que los Kauravas, como toda parte de la creación, llevaban en ellos, fueron destruidos a causa de su impaciencia. Como consecuencia, tuvo como hijo mayor a Duryodhana, el príncipe malvado. Su impaciencia fue, pues, causa de una terrible destrucción".

Amma se calló y cantó un *bhajan*:

Oru nimisham enkilum

¡Oh, hombre!
Tú, que buscas la dicha en este mundo,
¿Has conocido un sólo segundo de paz interior?

Sin asir la verdad,
corres tras la sombra de Maya.
Conoces la misma suerte que la mariposa nocturna
engañada por el brillo de la llama.

En el transcurso de las épocas has evolucionado a través de
diferentes encarnaciones,
insecto, pájaro o animal,
y finalmente has tomado nacimiento en forma de ser humano.
¿Qué otro objetivo podría tener la vida humana,
que no fuese realizar el Ser?

Renuncia al orgullo y a la codicia,
abandona la vida de ilusiones,
y consagra tu vida humana
a glorificar al Brahman supremo.
La realización de Dios es tu derecho de nacimiento
No desperdicies esta vida preciosa.

Cuando hubo terminado el canto, un devoto preguntó a Amma que comentase la historia de Gandhari.

Amma: "La especie humana corre en pos de su destrucción. La gente no tiene paciencia para esperar que el *sankalpa* de Dios surta efecto en su vida o en la sociedad en general. Están cegados por su impaciencia y por su sed de placer inmediato. El ego siempre quiere aceptar los desafíos y satisfacer sus deseos lo más rápidamente posible. En su prisa, la gente pierde la paciencia y el discernimiento, lo que oscurece su visión. Si no se pone fin a esto, acabará por convertirse en un desastre. Cuando todos en la sociedad se hayan cegado totalmente, los tropiezos serán constantes: los individuos, las comunidades y las naciones se enfrentarán. La impaciencia engendra discordia e imperfección. Los males del mundo actual, provocados por la impaciencia de la gente, fraguan el camino hacia una formidable destrucción. A menos que nos despertemos, todo esto parece inevitable. Esta es la moral de la historia.

El divino *sankalpa* de Dios está en funcionamiento hasta en el mínimo átomo de la creación. La divinidad siempre está presente, pero nuestra impaciencia cierra las puertas e impide que el *sankalpa* divino surta efecto en nuestra vida. Duryodhana, hijo de la impaciencia, cerró todas las puertas de su corazón, por lo cual la gracia y la luz de Sri Krishna no pudieron entrar en su vida. Tenía en su corte numerosos sabios, pero ninguno de ellos logró abrirle los ojos. Su maldad y su impaciencia extrema le incitaban a tomar decisiones apresuradas que no gustaban a las personas de su entorno.

"Sólo un desarrollo profundo, progresivo y regular puede tener un efecto real. El lema de Dios es: evolución. El crecimiento que nos permite acceder a la Conciencia divina es casi siempre un proceso evolutivo. Antes de entrar en el reino de la Verdad, tenemos que adquirir la pureza y la madurez necesarias. Esto es lo que nos aportan los rituales. Una vez que hemos obtenido estas virtudes estamos preparados para sumergirnos en el océano de *sat-chit-ananda* y ya no necesitamos ni acciones ni rituales. Cuando actuamos o hacemos rituales deberíamos tener en cuenta que el conocimiento del Ser es la meta final. En la época de Krishna la gente había olvidado en qué contexto efectuaba esos ritos. Estaban apegados a ellos y no hacían esfuerzo alguno para trascender el aspecto ritualista de la religión. Habían olvidado que estas prácticas tenían como fin conducirnos a la meta suprema. De aquí las críticas hechas por Krishna. No creáis pues, hijos míos, que Krishna tuviese nada en contra de los rituales védicos en sí mismos. Si leéis el Bhagavad Gita correctamente comprenderéis lo que realmente quería decir.

Si observáis un árbol os daréis cuenta que el fruto jamás aparece antes de la eclosión de las flores y de su caída del árbol. En el camino espiritual, el fruto final es el conocimiento del Ser. Para obtenerlo, es preciso que las flores de la acción (*karma*) se desvanezcan y caigan."

Como fondo sonoro, los dedos de David, el músico, bailaban graciosamente sobre las cuerdas de su arpa mientras cantaba dulcemente:

Soham, soham
Tú y yo, somos uno;
Amma, Amma, soham,
Tú y yo somos uno;
Shiva, Shiva, soham,
Tú y yo, somos uno;
Krishna, Krishna, soham,
Tú y yo somos uno;
Jesús, Jesús, soham,
Tú y yo somos uno …

El contacto divino

El programa de la tarde tuvo lugar en la sala de reunión de los "Amigos Cuáqueros." Una muchedumbre importante esperaba a Amma a su llegada. La manera en la cual logra comunicarse con la gente, aunque no haya conversación directa, es sorprendente.

En la puerta, los devotos dieron a Amma la bienvenida a la manera tradicional: le lavaron sus pies sagrados, le pusieron una guirnalda e hicieron el ritual del *arati* formando ante ella círculos con la llama del alcanfor.

Al atravesar la sala, Amma solía tocar a la gente cuando pasaba por delante. Acariciaba el corazón de una persona, despeluzaba afectuosamente a otra, lanzaba una mirada llena de amor, golpeaba suavemente una mejilla o bien sonreía a alguien. Estos pequeños gestos tenían un gran efecto. Aquellos a quien Amma había tocado, mirado, o a los que había sonreído, solían irrumpir en alegres risas; otros se emocionaban hasta las lágrimas. La mirada de Amma irradiaba un amor tal, su contacto llenaba todo el ser de tal alegría y paz, que algunos iban después a sentarse en un rincón y quedaban absortos en meditación. Rostros contraídos en los cuales se podía vislumbrar tensión y sufrimiento quedaban notablemente transformados por este instante de contacto con Amma.

El programa comenzaba a las 19 horas. Los *bhajans* se terminaron con *Omkara divya porule:*

Omkara divya porule

¡Apresuraos en venir mis queridos hijos!
Sois la esencia del Om
Poned fin a todo sufrimiento,
haceos dignos de adoración y fundíos en Om.

Incluso si tropezáis, hijos míos,
Amma siempre camina a vuestro lado,
despertando en vosotros
la conciencia de la Eternidad.

Mis queridos hijos,
Dios es amor,
que vuestro corazón no lo olvide jamás;
meditando en esta encarnación del Amor

también vosotros os convertiréis en este Amor encarnado...

Amma reemplazó el estribillo por la sílaba Om. El canto terminó con el melodioso salmo del Om, que cantaban a coro todos los asistentes. Esto duró más de cinco minutos. Amma parecía transportar al auditorio hacía el mundo de la Verdad Suprema, el reino de Om, el sonido primordial.

Un acto de amor inocente

A las tres de la mañana, cuando por fin terminó el *darshan*, Amma se levantó y salió lentamente de la sala tocando con amor a todos los devotos que estaban en fila a su paso. Fuera hacía frío, Amritatma esperaba a Amma al lado del coche. Entonces, fue testigo de una escena muy conmovedora. Había obras delante de la sala y el suelo había sido cavado. Una tabla grande de madera servía como puente permitiendo franquear el agujero. La tabla era sólida, pero de naturaleza rugosa y sucia. Aunque hacía frío, un devoto, Ken Goldman, se quitó el abrigo y lo extendió con amor en un lugar de la plancha para que Amma anduviese por encima. Viendo que esto no bastaba para cubrir el puente improvisado, su esposa, Judy, se quitó también su abrigo y lo puso al lado del de Ken. Pero todavía quedaba visible una buena parte de la madera. Inspirados por su ejemplo, los dos hijos de la pareja se quitaron cada uno de ellos su abriguito para colocarlo cuidadosamente en el resto que quedaba de la tabla.

Cuando Amma salió y vio los cuatro abrigos colocados sobre el puente, dijo: "Hijos míos, ¿qué estáis haciendo?, ¿Por qué estropeáis vuestra ropa? Hace mucho frío; por favor, recoged vuestros abrigos y ponéoslos. Este cuerpo ha sido criado en condiciones difíciles y austeras, Amma puede adaptarse fácilmente a cualquier situación. No necesita ningún tratamiento de favor". Amma se agachó y trató de recoger los abrigos, pero Ken y Judy se arrodillaron ante ella y protestaron: "No, Amma, por favor, purifica nuestra ropa pisándola con tus pies; cuando nos la volvamos a poner, también nosotros nos purificaremos." Cuando Ken y Judy miraron a Amma, los dos niños estaban acurrucados contra ella. Amma sonrió y abrazó a toda la familia con mucho afecto. Después, concediéndoles su plegaria, atravesó el puente andando sobre su ropa, y subió al coche. Los miembros de la pequeña familia recogieron alegremente sus abrigos y se los volvieron a poner.

En el coche, Amma dijo: "Lo que estos hijos (los Goldman) acaban de hacer simboliza para Amma el ideal de una familia de grihasthasramis (los que se consagran a la vida espiritual mientras llevan una vida de familia).

"Cuando mi hijo se quitó su abrigo para extenderlo sobre la tabla, estaba preparado a sacrificar su ropa y a afrontar el frío, porque consideraba su deber (*dharma*) proteger los pies de Amma. Cuando su esposa vio que el abrigo no bastaba para cubrir la tabla, se quitó el suyo, pensando que su deber era acabar lo que su marido había comenzado. Pero como esto aún no bastó, los dos niños vinieron en su ayuda y acabaron la obra de sus padres. Los miembros de esta familia, inspirados por su ideal, han cooperado, pues, sinceramente, para cumplir una tarea que consideraban su *dharma*. Puede que esta anécdota parezca insignificante, pero todos ellos han sacrificado algo por el bienestar de otro. Esto no significa que Amma necesite esta ropa para cubrir la tabla, pero su ejemplo ha hecho que su corazón se derrita. ¡Ha sentido mucho amor por estos hijos!

"Deberíamos desarrollar esa actitud no solamente hacia Amma, sino hacia todos. Debemos cooperar con amor y ayudarnos mutuamente actuando para el bien común y para el progreso de toda la sociedad. Éste es nuestro verdadero *dharma*, que puede llevarnos a la meta final de la vida: la realización del Ser. Pero para ello, siempre hay que comenzar en el ámbito de la familia."

Gracia inaudita

Eran las cuatro de la mañana cuando acabó el *darshan*. Los devotos se habían quedado sentados durante horas cerca de Amma contemplando su rostro radiante, fresco, nuevo, que nunca perdía su carácter familiar. Habían bebido durante horas de la copa inagotable de su amor divino sin moverse de su sitio más que para ir al *darshan*. Amma se levantó finalmente y se preparó para salir, cuando se detuvo de repente para mirar a alguien que estaba sentado en el fondo de la sala. Llamó: "¡Mol (hija mía)!" Todo el mundo se giró para ver a quién se dirigía. Ella la llamó de nuevo: "¡Mol, ven!" Un instante después, una joven se precipitó hacia Amma. Dio un grito y cayó a sus pies. Lloraba, llamándola: "¡Madre, Madre!" Algunas personas se disponían a alejarla por la fuerza, pero Amma les detuvo diciendo: "¡No, dejadla! Tiene un gran sufrimiento. Dejad que desahogue su pesar" Se contentaron, pues, con contemplar la escena sin intervenir. Pasaron algunos minutos. La mujer seguía tumbada a los pies de Amma llorando profusamente. Amritatma y algunos otros se impacientaron y avanzaron hacia ella pidiéndole que se levantase. Esta vez Amma no dijo nada, pero les detuvo mirándoles severamente. Pasaron algunos minutos más, y después la mujer se levantó lentamente arrodillándose ante Amma. Juntó las manos en señal de respeto y miró el rostro de Amma. Intentó hablar a través de sus lágrimas, pero la fuerza de la emoción se lo impidió. Amma le sonrió con una expresión de profunda compasión y la abrazó. Nuevamente, la joven se fundió en lágrimas. Amma cerró los ojos y pareció deslizarse a otro mundo. Ella mimaba a la mujer, acariciándole el pelo, mientras murmuraba "Mol... Mol..."

Después, suavemente, Amma le dijo: "¡Mi hija querida, mi niña, no llores más! ¡Amma conoce muy bien tu corazón!" Los testigos de la escena se dieron cuenta de que Amma se enjugaba sus propias lágrimas. Viendo esto, varios de los que se encontraban allí no pudieron impedir ponerse a llorar.

Este incidente ilustra la siguiente afirmación de Amma: "Cuando estáis en presencia de Amma, Ella se convierte en vosotros. Amma es como un espejo. Refleja los sentimientos de sus hijos".

Por fin, la mujer logró apaciguarse. Amma la abrazó una vez más, besándola en ambas mejillas, y después salió lentamente de la sala. Al pasar, testimonió afecto a todos aquellos que se encontraban en su camino. La atmósfera estaba impregnada de su amor. Una mujer se puso espontáneamente a cantar *Amazing grace*, y todos cantaron a coro:

Gracia inaudita

Gracia inaudita, ¡qué dulce es el nombre
que ha salvado a un miserable pecador como yo!,
Estaba desviado, y ya he encontrado el camino
Estaba ciego, y ahora veo.

La gracia ha enseñado a mi corazón el temor
La gracia ha apaciguado todos mis temores,
qué preciosa me ha parecido esa gracia
¡El primer momento en que he creído en ella!

He atravesado muchos peligros, sufrimientos y trampas,
la gracia es la que me ha permitido
llegar sano y salvo hasta aquí
La gracia es la que me llevará de nuevo hasta mi hogar.

¡Qué dulce es el nombre de Jesús para el oído del creyente!,
apacigua sus sufrimientos,
cura sus heridas
y disipa su temor.

¿Tiene Jesús que llevar la cruz solo
y el mundo entero quedar libre de sufrimiento?
No, hay una cruz para todos
y también hay una para mí.

Después, Amma, fuente de toda gracia, subió en el coche y partió.

Al día siguiente, la mujer que tanto había llorado a los pies de Amma confesó a Amritatma lo que le había pasado. Había llegado a la sala justo antes del comienzo del programa y se había quedado sentada al fondo durante todo el tiempo, mirando cómo Amma daba el *darshan*. No tenía intención de ir. Había una razón para su reticencia: había cometido en el pasado algunas faltas graves que juzgaba imperdonables; se sentía, pues, extremadamente culpable. Viendo a Amma y el amor infinito que derramaba sobre todos, había pensado que una pecadora como ella no merecía recibir un amor semejante. Habiendo decidido no ir a recibir el *darshan*, había llorado durante todo el programa. Pero Amma la había visto y la había llamado al final, no ignorando nada respecto a su sufrimiento interior.

Algunos días más tarde, en el coche que conducía a Amma al programa de la tarde, Amritatma le preguntó por qué aquella tarde había esperado hasta el final del *darshan* para llamar a esta mujer.

Amma dijo: "Mientras esta hija permanecía sentada durante tanto tiempo en presencia de Amma, y mirándola, tomó conciencia de repente del terrible peso de culpabilidad que llevaba encima. Esta toma de conciencia creó la necesidad de vaciarlo todo y librarse de él. Mientras estaba sentada en el fondo de la sala, percibía el profundo amor de Amma, el que le ayudaba a apaciguar su sufrimiento interior. Todas estas lágrimas se llevaron su sentimiento de culpabilidad, y cuando Amma por fin la llamó, estaba dispuesta a descargar su corazón y encontrar la paz a la cual aspiraba. Esto no hubiera sido posible si Amma la hubiese llamado al comienzo del *darshan*, puesto que necesitaba tiempo para abrirse. Para que las cosas tengan un efecto duradero es necesario un proceso bien definido.

"En realidad, no hay pecadores, puesto que la iluminación está latente en todo ser humano, incluso en el peor de los "pecadores", esperando revelarse en su momento adecuado. Nadie es, pues, realmente pecador. No existe más que el *Atman*. Amma no utiliza la palabra pecador más que por la comodidad de la explicación. Un pecador puede encontrar la paz sólo en presencia de un Maestro, puesto que su mente puede entonces fluir libremente. En esa atmósfera de amor incondicional se funden todos los pecados. El embalse que encierra la mente se abre y permite a la mente endurecida y a sus emociones suavizarse y fluir sin obstáculo alguno.

"Esta hija se encontraba atrapada en su sufrimiento. Jamás tuvo la posibilidad de liberarse de la culpabilidad y del pesar acumulados en su mente puesto que nunca se había encontrado con las condiciones favorables para ello. El sufrimiento había quedado oculto profundamente en su interior.

"Tratáis de cubrir vuestro dolor con pensamientos, objetos y placeres diversos. Por ejemplo, os compráis un coche nuevo o una casa, cambiáis de amigo o de amiga, y como seguís recubriendo vuestro dolor con capas cada vez más numerosas de distracciones, este dolor se endurece con la edad; se hace cada vez más fuerte y su embate se hace cada vez más sutil. Luego vais a ver a un psicoterapeuta, pero, ¿qué puede hacer él por vosotros? También él está enganchado en la trampa de su propia mente. Todo lo que puede hacer es ayudaros a recubrir vuestro dolor con una capa suplementaria, y mientras, el sufrimiento permanece en vosotros sin posibilidad alguna de curarse. Cualquiera que trate de ayudar a alguien a curarse de un dolor semejante se dará cuenta de que ninguna curación ni ningún cambio puede producirse mientras que su propia conciencia no se encuentre a un nivel más elevado que el de la persona a quien trata de ayudar. Lo que cuenta es el nivel de conciencia. Un ser realizado se sitúa en el nivel de conciencia supremo; ha llegado a la cima. En su presencia se desvanece todo sufrimiento, y las heridas psíquicas se curan espontáneamente.

"Sólo un *Satguru* puede conceder la gracia necesaria y crear las condiciones adecuadas para que vuestro dolor emerja. Es exactamente esto lo que se produce. El sufrimiento de esta mujer salió a flote. La presencia de Amma le permitió librarse del peso de culpabilidad que había estado llevando durante tantos años.

"La mejor manera de liberarse de una pesada culpabilidad, que es comparable a una herida infectada que os carcome desde dentro, es hacerse plenamente consciente de ella. Esto no puede producirse más que en presencia de un verdadero maestro. El maestro muestra las profundas heridas que supuran en vosotros. Os ayuda a tomar conciencia de los graves perjuicios que os han causado y de la forma en que han estropeado vuestra vida. Finalmente, gracias a su compasión y amor infinitos, estas heridas se curan.

Os voy a contar una historia que os permitirá quizá comprenderlo mejor.

Había una vez un hombre rico que siempre estaba sumido en su trabajo y que padecía un gran estrés, ya que había perdido su paz interior. Consultó a diversos médicos y terapeutas para tratar de encontrar un remedio a su problema. Todos, incluidos sus amigos, le apremiaban para que dejase su trabajo, descansase, se quedase en casa y gozase de una vida apacible. Pero ni los consejos ni los medicamentos que recibía parecían ayudarle. Un día, oyó hablar de un gran maestro que vivía retirado en una gruta aislada. Estaba tan desesperado que decidió ir a hacerle una visita. Después de un viaje largo y difícil, llegó finalmente a su destino. Estaba helando y, sin embargo, el santo estaba sentado desnudo en la cueva. Con un gesto apacible señaló al visitante que se sentase a su lado; después cerró los ojos y entró en *samadhi*. Permaneció así durante tres días, mientras que el visitante se quedó pacientemente sentado sin moverse en la gruta helada, sin comer y dormir, ya que deseaba liberarse de este sufrimiento. Al tercer día, el santo abrió los ojos y le dijo: 'Deja tu trabajo y descansa. Quédate en casa y goza de una vida tranquila'. El hombre escuchó las palabras del sabio y volvió a su casa.

"Algunos días más tarde sus amigos le visitaron. Se sorprendieron de ver la paz y alegría que emanaba. Se preguntaron cómo podía haberse producido una transformación semejante en tan poco tiempo. Cuando les contó la visita que hizo al santo y les habló de sus palabras, exclamaron: '¡Pero si esto es exactamente lo que nosotros, desde hace años, te hemos aconsejado que hicieses!' El hombre sonrió y dijo: 'Quizá os hayáis servido de las mismas palabras, pero escuchándolas de boca de un verdadero maestro, de repente he tomado conciencia de su verdadero sentido oculto. Cuando el maestro pronunció estas palabras, sabéis, tuve una revelación. Me vino a la mente con claridad que 'dejar el trabajo y descansar' significaba retirar los sentidos del mundo de la diversidad, y 'quedarme en casa para gozar de la paz' significaba permanecer establecido en el Ser, viendo todo como manifestación de la divinidad. La presencia del maestro y el poder de su palabra han reducido a la nada mis miedos y tensiones. Al fin gozo de verdadera paz interior'.

"Hijos míos, una verdadera transformación no puede producirse más que en presencia de un ser realizado. Pero la mujer que lloraba, así como el hombre de esta historia, han tenido que hacer un esfuerzo antes de llegar a conseguir paz interior. Sin embargo, en realidad no es necesario hacer ningún verdadero esfuerzo, puesto que esto no implica fuerza o tensión alguna. El esfuerzo se produce sin dolor, espontáneamente - llega por sí mismo. Las barreras del corazón se abren permitiendo que la gracia del maestro se derrame y aporte a nuestra vida una luz y una energía renovadas".

La exactitud de las palabras de Amma quedó manifiesta con prontitud. En efecto, la mujer volvió poco después a ver a Amma y le confesó que se sentía una persona diferente y que por primera vez desde hacía años estaba relajada y en paz consigo misma.

Amritatma hizo otra pregunta a Amma: "Amma, ¿podrías haber aniquilado su sufrimiento con un simple *sankalpa* sin que hubiese tenido que estar llorando así durante horas. ¿Por qué no lo has hecho?"

Amma: "Hijo, esto es exactamente lo que ha pasado. El *sankalpa* de Amma estaba en marcha - siempre está presente. ¿Por qué piensas que esta mujer tuvo la idea de venir a ver a Amma? Y si hubiese venido por su propia voluntad, podría haberse ido, en lugar de quedarse sentada en el fondo de la sala llorando durante todo el *darshan*. ¿Por qué se quedó durante tanto tiempo? Y finalmente, ¿por qué se abrió hasta ese extremo? ¿Piensas que todo esto podría haberse producido sin el *sankalpa* de Amma? Su esfuerzo personal no habría bastado. La gracia y el *sankalpa* divino siempre están en funcionamiento.

Las situaciones que nos permiten abrirnos y crecer interiormente no pueden producirse más que gracias al *sankalpa* de Dios o del gurú. Nada llega por azar. Deberíamos ser conscientes de ello".

El primer Devi Bhava

El primer *Devi bhava* tuvo lugar en el salón de Earl, donde se había instalado un pequeño santuario para tal fin. Al comienzo de la velada, antes del *Devi bhava*, Br. Amritatma presentó la biografía de Amma bajo la forma tradicional denominada *katha*, en que la narración se ilustra mediante cantos. Todos los devotos estaban profundamente emocionados, puesto que la mayoría acababa de ver a Amma por primera vez y lo ignoraba todo sobre su notable vida.

La casa estaba repleta; había gente por todas partes, incluso en el jardín. Después de la narración los devotos esperaban en el salón a que comenzase el *Devi bhava*. No sabían qué les esperaba. Se les había dicho que Amma se disponía a revelar su unidad con la Madre Divina, de manera más tangible.

Amma confió un día a algunos discípulos suyos: "Si tuvieseis una visión de lo que en realidad es Amma, os abrumaría - no podríais soportarlo. Para evitarlo, Amma se disimula bajo una espesa capa de ilusión (*maya*). Pero durante el *Devi bhava* quita uno o dos velos y revela un poco más de lo que ella es en realidad".

Aquella noche, con ocasión del primer *Devi bhava* de Amma en Occidente, los *brahmacharis* tuvieron la certeza de que Amma se quitó más velos que de costumbre. Fue una noche inolvidable para todos.

Las cortinas, que eran unos saris de seda multicolor entrelazados, se abrieron de repente y los *brahmacharis* se pusieron a cantar el *Durga suktham* (Mahanarayana Upanishad) como se hacía siempre al comienzo del *Devi bhava*.

Amma, sentada en una silla, llevaba un sari de seda espléndido color verde oscuro y la corona tradicional de Devi, la Madre Divina. Los devotos se quedaron absortos. Cuando Amma daba el *darshan* durante el día, se podía sentir su naturaleza divina de una manera indescriptible, pero en ese instante la revelación fue todavía más poderosa. Su rostro irradiaba el poder, la belleza y la compasión de la Madre Divina. Y este destello iluminaba toda la habitación; impregnaba la atmósfera como un perfume glorioso. Amma desbordaba de energía divina hasta tal punto que su cuerpo entero vibraba. Esta vibración continuó durante todo el *Devi bhava*, que terminó al alba.

Uno a uno, los devotos avanzaban hacia Amma, que los abrazaba. En este abrazo tenían la experiencia directa de un poder sobrenatural, extremadamente sutil, y, sin embargo, infinitamente poderoso. Algunos lo comparaban con una fuerte corriente que les hubiera recargado, tranquilizándoles y elevándoles. Otros, se sentían purificados y se desvanecía su negatividad, y algunos otros se veían transportados a un estado de conciencia trascendental más allá del tiempo y del espacio. Durante toda la noche la gente cantaba y danzaba de alegría. Los *brahmacharis* estaban delante del templo cantando *bhajans*. Al comienzo del *Devi bhava*, entonaron:

Jaya jaya devi dayamayi ambe

¡Gloria!, ¡Gloria a la Madre llena de bondad!
¡Oh madre!, otórganos la dicha
de este océano de compasión que es el tuyo
Revela el Veda a tus devotos
¡Oh diosa mía Amritanandamayi!

Guardar el recuerdo constante de tu rostro de loto
destruye el pecado y el miedo al devenir.
Tú, que estás unida al puro dharma
Tú, que otorgas dicha propiciatoria.
¡Oh diosa mía Amritanandamayi!

¡Oh madre!, Tú que nos dices que renunciemos
a las comodidades de la vida material

Creadora del Universo,
Tú, cuya naturaleza es pureza
¡Oh diosa mía Amritanandamayi!

¡Oh gran santa adorada por tus devotos!
de sonrisa pura y encantadora
Tú resides en el estado supremo
donde el deseo no puede llegar
¡Oh Amritanandamayi!

Para liberarnos de este mundo de sufrimiento
has tomado nacimiento en forma de diosa de la sabiduría
¡Oh Amritanandamayi!
Ojalá puedan tus pies sagrados
iluminar nuestros corazones para siempre.

Has tomado nacimiento
para dicha de los que sufren
siendo tu santo objetivo otorgar el bienestar a los demás
Has tomado una forma humana
Tú, cuya verdadera naturaleza es Ser-Conciencia
¡Oh diosa mía Amritanandamayi!

Para purificar la mente,
Tú nos enseñas a discernir entre el Ser y el no-Ser.
Tú, que estás inmersa en el Atman
Dulces palabras fluyen de tus labios
Como un flujo de ambrosía
¡Oh Amritanandamayi!

Bien entrada la noche, al final del *Devi bhava*, Amma se levantó y avanzó hacia la parte delantera del santuario para derramar pétalos de flores a todos, adorando de esta manera al Absoluto en cada persona. Después, se quedó más tiempo de pie, girando ligeramente el cuerpo de un lado y después del otro. Se produjo entonces una transformación visible. A Amritatma le pareció que Amma, de repente, se hacía más alta, más imponente, y que su rostro era muy diferente. La misma compasión infinita brillaba aún en sus ojos, sin embargo, ya no veía ante él a la dulce y tierna Madre, sino a la forma infinitamente poderosa de Devi, la madre del universo, en su aspecto más impersonal, inspirando un respeto sagrado. Y mientras que Amma, entre los aspectos infinitos de su ser, revelaba aquél en concreto, Amritatma y los demás *brahmacharis* cantaron:

Om Badrakali

Om Badrakali
¡Oh diosa que nos otorga refugio!,
Encantadora y Madre,
¡Bendíceme!
¡Oh diosa que has matado al demonio Chamunda!
Protege a tus devotos con amor
y concédeles la dicha
¡Te lo rogamos!
Nos postramos a tus pies de loto
adornados con brazaletes de oro.

¡Oh Chandika!,
¡Oh bella diosa!,
Gran bailarina,
¡Bendícemos con una mirada de tu gracia!
¡Oh valiente Bhairavi!,
que cortaste la cabeza del demonio Darika;
¡Buscando refugio a tus pies,
cantamos tus alabanzas!
¡Océano de gracia,

nos postramos ante ti!

Carmel

La Madre omnisciente

En Carmel Amma realizó un programa en la sala de reunión del club femenino. Se alojó en la casa del primo de Nealu y de Earl, Ron Gottsegen. Ron, de 50 años de edad, era propietario de una empresa de electrónica muy próspera. En cuanto vio a Amma se sintió profundamente atraído por ella. Hacia el mediodía, en medio de los dos programas, Amma estaba sentada sola en el gran césped del jardín de Ron, cuando Amritatma salió y se situó a su lado. Ella dijo entonces: "Ron tiene las cualidades de un verdadero buscador. Algún día renunciará a todo. Es mi hijo". Eso es exactamente lo que ocurrió. Ron compró más tarde un amplio terreno en San Ramón y se lo ofreció a Amma como regalo, expresando así su amor. Esta hacienda se convirtió en el ashram de Amma en California. Ron fue encargado, a continuación, de organizar el desarrollo del hospital de especialidades múltiples construido bajo la égida de Amma en Cochin. Él vive ahora en la India.

Seattle

En Seattle, Amma se alojó en casa del señor y de la señora Hoffman. El primer programa, aquella tarde, tuvo lugar en su casa. Desde su llegada a los Estados Unidos Amma había escrito cartas a cada uno de los residentes del ashram de Vallickavu, porque sabía cuánto estaban sufriendo por estar separados de ella. Si tenía un poco de tiempo libre entre el programa de la mañana y el de la tarde, Amma les escribía. Una tarde, dijo: "Acaba de terminar la meditación matinal en el ashram de la India. Amma puede ver a todos sus hijos sentados ante la sala de meditación.

Piensan en Amma y están muy tristes. Algunos están llorando, ¡la echan tanto de menos!" Amma citó los nombres de aquellos que lloraban; después cerró los ojos y se sentó, inmóvil, mientras fluían lágrimas por sus mejillas.

Cuando acabó el *darshan* aquella tarde Amma expresó el deseo de hablar con los residentes del ashram de la India. Llamaron a Mahadevan, un devoto de Amma que vivía en Allepey, ciudad cercana al ashram, y se convino que los residentes vendrían a esperar la llamada de Amma al día siguiente a la misma hora.

Al día siguiente, después del programa de la tarde, Amma llamó a Allepey y habló con sus hijos que habían venido del ashram. Estaban impacientes por oír su voz al teléfono. Amma les preguntó si estaban tristes. Le dijeron que habían estado especialmente tristes el día anterior. Finalizada la meditación de la mañana se habían quedado ante la sala pensando en ella, llorando. Y ahora, ¡Amma les estaba llamando! Con palabras llenas de compasión, Amma se esforzó por consolarlos al teléfono. Les dijo que siempre estaba con ellos y que les había visto el día anterior. Cuando colgó el auricular, dijo a las personas presentes lo tristes que estaban sus hijos del ashram, y que le había roto el corazón oírles llamarla "Amma".

Era claro que Amma había respondido a la intensa llamada de sus hijos, llamándoles por teléfono.

El significado de sus lágrimas

Quizá os sorprenda que un gran maestro como Amma pueda llorar. En un momento en que Sri Kumar (Swami Purnamritananda) estaba separado de Amma, ella leyó una carta que le había enviado. Amritatma se dio cuenta de que estaba llorando. La carta contenía un canto que Sri Kumar había compuesto, titulado:

Arikullil

El sol se ha puesto en el océano por el oeste,
El día comienza su lamento.
No se trata más que del juego del arquitecto universal,

¿Por qué afligiros, entonces?,
¡Oh flores de loto que os estáis cerrando!

Este mundo lleno de miseria y sufrimiento
no es más que el drama de Dios, el creador.

Yo, el espectador, no soy mas que una marioneta entre sus
manos y miro, sin poder derramar lágrimas.

Separado de ti me quemo como una llama;
mi mente está encendida.

Estoy tirado en este océano de dolor,
incapaz de encontrar la orilla.

Cuando Amritatma vio las lágrimas de Amma, pensó: "¿Cómo es que Amma, que se encuentra más allá de todo sentimiento, puede llorar así?" Cuando, a continuación, le hizo la pregunta, ella respondió: "¡Hijo, en esta carta y en el canto que mi hijo Sri ha compuesto, Amma ha sentido el amor inocente que tiene, y hasta qué punto suspira por ella! Amma no es más que un espejo, y lo que le ha hecho llorar es el reflejo de su inocencia. Si lloras o ríes, la imagen del espejo hace lo mismo. De la misma manera, en el estado de realización te conviertes fácilmente en la otra persona. Pero no te apegas, porque tu identificación no es más que un reflejo. No te identificas ni te apegas a nada. Un verdadero Maestro responde a la llamada de sus devotos y de sus discípulos. Pero la respuesta depende de la intensidad de la llamada del discípulo, de la fe y del amor que experimenta hacia el Maestro. Todos somos una parte de la conciencia universal. De esta manera, cuando llamas a Dios desde lo más profundo del corazón, las vibraciones de esta llamada llegan a una gran alma que esté unida a esta conciencia, y viene la respuesta. Si ves lágrimas en los ojos de Amma, no creas que son lágrimas de tristeza. No se trata más que de una respuesta a la llamada inocente que le ha sido enviada.

Sri Rama lloró cuando el demonio Ravana raptó a Sita. Incluso preguntó a los pájaros, a los animales y a las plantas si habían visto a su bien amada Sita. Las lágrimas de Sri Rama reflejaban el sufrimiento que experimentaba Sita al verse separada de su Señor bien amado. De la misma manera, las lágrimas que fluyeron de los ojos de Sri Krishna cuando se encontró con su gran devoto Sudama, reflejaban la devoción de éste por Él. Incluso en el amor mundano encontramos ejemplos semejantes, siempre y cuando el amor sea sincero. El sentimiento intenso de uno de los amantes se refleja en el otro.

El amante hace una llamada y la bien amada responde. El devoto llama y Dios responde. Pero la naturaleza de la respuesta depende de la naturaleza de la llamada".

Distanciaos con respecto a las situaciones

"Sin embargo, la respuesta no es más que un reflejo, puesto que Dios se encuentra más allá de todo. Es la Conciencia testigo a quien nada afecta, y está perfectamente desapegada. En este estado final, cuando sois testigos de todo lo que os ocurre, de las diversas experiencias por las que pasáis, ya sean buenas o malas, existe una distancia entre vosotros y cada situación.

Imaginad que alguien muere, pero no de vuestra familia, sino de la de un amigo. Vais a casa de vuestro amigo, os sentáis cerca de él y os esforzáis por consolarlo diciéndole: 'No te entristezcas amigo mío. Las pruebas forman parte de la vida; todos debemos morir un día u otro, pero recuerda que el alma es eterna, sólo perece el cuerpo'.

Podéis hablarle así gracias a la distancia que existe entre vosotros y la situación.

Pero si el deceso se produce en vuestra familia, vuestra actitud será muy diferente. Sufriréis, porque el problema os afecta de cerca.

Un cirujano de gran reputación que haya efectuado miles de intervenciones no operaría nunca ni a su mujer ni a su hijo, porque está demasiado apegado a ellos. Si un miembro de su familia cercana necesita ser operado, pedirá a un colega que lo haga, sea cual sea su experiencia o cualificación. De la misma manera, un psicólogo se identifica demasiado con sus propios problemas como para analizarse o aconsejarse a sí mismo. Va en busca de la ayuda de otro terapeuta. Un *jivan mukta*, por el contrario, se contenta con permanecer como testigo de todo lo que sucede en él y a su alrededor. Quizá exprese sentimientos variados, pero no está apegado a ellos. Se encuentra allí, totalmente presente, y, sin embargo, está más allá de todo".

Más lejos que lo más lejano, más cerca que lo más cercano

La última mañana, en Seattle, un devoto americano que estudiaba las Escrituras de la India hizo la siguiente pregunta: "Los Upanishads afirman que el *Paramatman* (el Ser supremo) se encuentra a la vez muy alejado y muy cercano[3].

Esta afirmación me sume en la confusión. ¿Cómo puede estar algo a la vez cerca y lejos? Amma, ¿Puedes explicármelo?"

---

[3] *Tat dure tadvandike* = Lo que está lejos está muy cercano. —*Ishavasyopanishad* (estrofa 5).

Amma: "Hijo, lo que está en todas partes está siempre a la vez cercano y alejado. El *Paramatman* se encuentra en todas partes. Nosotros nacemos en el interior del Ser supremo, vivimos y morimos en Él, antes de renacer en Él. No se trata de una entidad lejana. El *Paramatman* se encuentra, en verdad, 'más cerca que lo más cercano'; la distancia aparente se debe a nuestra ignorancia. Mientras que exista esta distancia, el Ser (*Atman*) nos parecerá alejado: 'más lejano que lo más lejano'.

Una vez que se ha destruido nuestra identificación ilusoria con el cuerpo, aquello que está 'más lejano que lo más lejano'[4] se convierte 'en lo más cerca de lo más cercano'. Tomamos entonces conciencia de que jamás hemos estado separados del *Paramatman*, y que siempre hemos existido en el interior de Él - siempre ha estado ahí.

Imaginad que estáis en una playa y que miráis al horizonte. A lo lejos, el horizonte parece hundirse en el océano. El cielo y la tierra parecen encontrarse. Si hay una isla en la línea del horizonte se puede tener la impresión de que los árboles de la isla tocan el cielo. Podríamos pensar que si vamos a ese lugar llegaremos al punto donde el cielo y la tierra se unen. Pero en lugar de alcanzar el horizonte, descubriremos que éste se aleja a medida que nos acercamos. Cuanto más avanzamos, más se echa hacia detrás, de modo que jamás podemos alcanzarlo. Cuando estábamos en la costa, el horizonte parecía tocar la isla y los árboles, pero en el transcurso de nuestro acercamiento se han alejado. ¿Dónde está pues el horizonte? Está allí mismo donde estáis vosotros. El horizonte y vosotros os encontráis exactamente en el mismo punto. De igual manera, el *Paramatman* no se encuentra en ningún lugar en la lejanía, sino en vuestro interior. En realidad, vosotros mismos sois el *Paramatman*.

---

[4] *Dorat sudore tadihantike cha* = Más lejano que lo más lejano, más cerca que lo más cercano.—*Mundakopanishad* (3:1:7)

La gente dice a menudo: "Estoy triste". Quieren decir que son la tristeza. Cuando se sienten tristes se encuentran inmersos en ese sentimiento. Comienzan a identificarse con su sufrimiento hasta que tienen la sensación de ser ese mismo sufrimiento.

El *Paramatman*, la Conciencia suprema, está muy cercano. Pero a causa de nuestra identificación errónea con el sufrimiento, con el placer, con el pesar, con la ira y con otras emociones engendradas por la creencia inexacta de que somos el cuerpo y no la conciencia, sentimos que existe una distancia. Esta identificación es la ignorancia. Una vez que hayáis trascendido la ignorancia y que ya no os identifiquéis con el cuerpo, no tendréis la sensación de sufrir, ni tampoco de ser el sufrimiento; seréis simplemente conscientes del sufrimiento. Os convertiréis en el testigo que simplemente observa el dolor u otro sentimiento. Vuestra conciencia se desapega de lo que le sucede al cuerpo. Cuando llegáis a este nivel de conciencia, el *Paramatman* se halla más cerca que lo más cercano. Pero antes, parecía más alejado que lo más alejado. Esta es la causa de que aquello que está alejado también se encuentre muy cerca.

Había una vez una mujer que deseaba profundamente casarse. Durante años buscó un marido que le conviniese, sin nunca encontrar a la persona adecuada. Acabó por abandonar su búsqueda y decidió consolarse viajando. Visitó diversos países y diversos continentes. Un día, cuando se hallaba en un hotel al otro extremo del mundo, se encontró con un hombre maravilloso. Se enamoraron el uno del otro. Había encontrado a su alma gemela. Lo que les extrañó a ambos es que vivían, no sólo en la misma ciudad, sino en el mismo inmueble, y que sus apartamentos estaban el uno al lado del otro. ¡Habían vivido puerta con puerta durante años sin conocerse el uno al otro!

Hijos míos, por mas que busquéis a Dios por todas partes no lo encontraréis, ya que está más cerca de lo que podéis imaginar. Os parecerá lejano en la medida en que seáis ignorantes de ello.

Destruid la ignorancia y liberaos de vuestra identificación con el cuerpo trascendiéndola; despertad y haceos conscientes. Sabréis entonces que Dios esta "más cerca que lo más cercano".

Después de los programas de Seattle, Amma tomó el avión para volver a San Francisco.

Ganesha

Aquella mañana, Amma, los *brahmacharis*, Gayatri y Saumya se fueron de la bahía de San Francisco en un pequeño autobús, alquilado por Dennis y Bhakti Guest para que Amma fuese al monte Shasta. El minibús era pequeño, pero todo el mundo deseaba tanto estar con Amma, que se apretaron y se las arreglaron para entrar todos. En el camino, Amma se detuvo en la pequeña ciudad de Garberville para realizar un programa. Se trataba de un retiro que se iba a celebrar en un hotel rodeado de inmensas secoyas. Amma aceptó también la invitación de Ken y Judy Goldman, que vivían en una autocaravana no lejos de allí, y fue a su casa.

Los dos niños varones de los Goldman se sentían muy atraídos por Amma. Durante su visita la seguían por todas partes y Ella les enseñó un canto. Repetían cada verso después de Amma con gran entusiasmo, cantaron:

Devi devi devi jaganmohini

¡Oh diosa!,
Encantadora del Universo,
Chandika,
Destructora de los demonios Chanda y Munda,
¡Oh Chamundeshvari!,
Madre divina,
muéstranos el camino
que permite atravesar el océano de la transmigración.

Los dos niños pidieron a Amma que jugase con ellos. Amma no pudo rechazar su inocente petición y pasó algún tiempo a su lado. Más tarde, cuando toda la familia estaba reunida a su alrededor, Amma preguntó a los niños: "¿Tendréis la misma inocencia y la misma devoción cuando crezcáis?" Los muchachos asintieron con la cabeza en señal de aprobación.

Judy Goldman estaba tan excitada por la presencia de Amma que se fundió en lágrimas sin poder dejar de llorar. Ken estaba muy emocionado y deseaba ardientemente enseñar a Amma su colección de estatuas de Ganesha. Amma las contempló con gran interés. Tomó una de ellas y acarició afectuosamente su grueso vientre. Dijo, riendo: "¡Que hambriento está!" "¡Tiene a todo el mundo en su panza!"

Mostrando con el dedo el vientre redondo del dios elefante, dijo: "El gran vientre simboliza el hambre inextinguible que el buscador experimenta por la verdad. Las grandes orejas de Ganesha simbolizan *shraddha*, la facultad de un *sadhaka* de "oír", es decir, de asimilar los principios espirituales más sutiles. Un elefante puede, con su trompa, arrancar un árbol inmenso o bien recoger una aguja. La trompa de Ganesha representa, pues, la capacidad del *sadhaka* de comprender tanto los principios sutiles como los más burdos.

El ratón junto a Ganesha representa el deseo. Al igual que un ratón puede destruir toda una cosecha, un sólo deseo puede acabar con todas nuestras virtudes. Sin embargo, un ser realizado (Ganesh) posee el dominio perfecto de su mente y de sus deseos, por ello cabalga sobre un ratón. A veces, el ratón está sentado a los pies de Ganesh y contempla intensamente el rostro del Señor sin tocar los dulces que se han colocado como ofrenda delante del dios. Esto significa que un alma realizada domina su mente, y que no se mueve más que cuando éste se lo ordena".

Amma miró a Ken de repente, y le llamó "Ganesha". Ken aceptó alegremente su nuevo nombre.

La mañana de la partida, Amma meditó en el borde de la piscina del hotel con los *brahmacharis* y los demás participantes. A las diez, se encaminó hacia el monte Shasta. Este viaje constituyó uno de los acontecimientos más memorables de la gira.

La fe es más importante que la razón

En el transcurso del camino, Nealu, pensando que era una buena ocasión para hablar con Amma, le hizo una pregunta:

"Amma, la ciencia espiritual siempre insiste en la importancia que existe en otorgar al corazón la primicia sobre el intelecto. De hecho, a veces tengo la sensación de que algunos maestros desprecian la razón y el conocimiento puramente intelectuales. ¿Por qué actúan de esta manera?"

Amma: "Hijo, la espiritualidad es más una cuestión de fe que un tema de análisis intelectual. La verdadera fe se desarrolla cuando el intelecto se ha dejado de lado. Esto no quiere decir que el conocimiento intelectual carezca de importancia; el intelecto tiene su sitio, pero no hay que sobrevalorarlo. No creas que la espiritualidad se reduce al conocimiento de las Escrituras y al análisis intelectual. A menudo, ahí es donde surge el problema. Es importante crear un equilibrio entre el intelecto y una fe total en los principios espirituales. Tu conocimiento y tu facultad de razonamiento pueden, por ejemplo, convencer a otras personas del valor de la ciencia espiritual y satisfacer su sed intelectual. Pero en lo que respecta a tu progreso espiritual, la fe es más importante que el razonamiento.

"En tus prácticas espirituales la fe te ayuda mucho más que el intelecto. Para poder meditar debes poseer una fe absoluta en lo que haces. Cualquiera que sea el tipo de *sadhana* que practiques, hay que poner de lado toda duda, pregunta y reflexión, para concentrarse totalmente en la práctica espiritual. De lo contrario, no podrás hacer progreso alguno. Si no tienes fe, esfuérzate para desarrollarla bajo la dirección de un *Satguru*. El conocimiento intelectual tiene su lugar. Si lo utilizas correctamente te dará una cierta fuerza mental, un cierto discernimiento, pero para que ese saber se convierta en el fundamento de tu existencia, debes entregarte a rigurosas prácticas. Y para practicar, necesitas una fe incondicional. Hay que crear un equilibrio armonioso entre fe y conocimiento.

"Para recordar a Dios, es preciso olvidar. Concentrarse realmente en Dios es estar plena y totalmente en el momento presente, olvidando el pasado y el futuro. Sólo eso constituye la verdadera oración. Esta forma de olvido os ayudará a calmar la mente y os permitirá conocer la dicha infinita de la meditación. La verdadera meditación pone fin a todo dolor. Nuestro sufrimiento está engendrado por la mente, de la cual el pasado forma parte. Sólo abandonando el pasado, que se consigue gracias a la meditación, es posible establecerse en el Ser, en Dios.

"En realidad, ya poseemos esta facultad de olvidar y de recordar. Lo hacemos a menudo. Por ejemplo, cuando un médico está en el hospital olvida su hogar y su familia, y cuando vuelve con los suyos, si desea ser un buen marido y un buen padre, olvida el hospital y su papel de médico. De la misma manera que olvida su trabajo cuando está en familia, si nosotros queremos pensar en Dios y concentrarnos en el objeto de nuestra meditación, tenemos que olvidar el pasado, llegando hasta el punto de olvidarnos de nosotros mismos. Sabemos cómo hacerlo en cierta medida, pero todavía no hemos aprendido cómo sacar el jugo al reino de la conciencia suprema. Dejar un aspecto de la vida para abrazar otro, es un arte. No es difícil abandonar tu lado intelectual para adoptar una actitud de fe inocente, con tal que, en realidad, desees hacerlo.

Sri Shankara era un maestro realizado[5]. También era un gran erudito dotado de un extraordinario intelecto. Su conocimiento y capacidad intelectual le permitieron disipar numerosos malentendidos respecto a la espiritualidad y sacar a la luz interpretaciones correctas de las Escrituras. Tenía, igualmente, una fe inmensa en lo que enseñaba. A Sri Shankara se le admiraba y respetaba mucho, no solamente por el brillo intelectual con el que penetraba en el sentido de las Escrituras, sino porque él mismo era la encarnación de lo que predicaba. La toma de conciencia de "yo soy Eso" no resulta posible más que mediante una confianza absoluta. Sin esta fe no podréis poner en práctica los principios espirituales. La certeza intelectual es un aspecto de los principios espirituales; la fe es otro. Ambos son importantes. Pero basta la fe para realizar el Ser, mientras que el conocimiento intelectual y el razonamiento por sí mismos no pueden haceros acceder a la etapa final".

Éxtasis

El camino se extendía a lo largo de un bonito río de aguas limpias y azuladas. El río brillaba al sol, y desde el coche se podía oír el ruido del agua. Por la ventana del coche Amma miraba intensamente el curso del agua. De repente, entró en éxtasis gritando "¡Ho... ho!" (un sonido que emite a menudo en momentos semejantes). Saltaba en su asiento como un niño mientras que sus manos formaban una sucesión de mudras. Viendo la exaltación divina de Amma, el conductor redujo la marcha. Unos segundos después, Amma entró en un estado de profundo *samadhi*. Viendo que se encontraba en un estado de dicha espiritual, los *brahmacharis* se pusieron a cantar mientras que el vehículo seguía rodando lentamente a lo largo del río:

---

[5] Sri Shankaracharya, que vivió en el siglo octavo, era un gran filósofo y exponente de la filosofía *advaita*.

Prapanchamengum

¡Oh apariencia ilusoria!
Tú, que impregnas todo el Universo,
¡Oh esplendor!, ¿no amanecerás en mi mente,
para que tu luz brille allí para siempre?

Mi sed quedará saciada si bebo
tu amor y tu afecto materno.
Si vengo a tu lado
para fundirme en tu divina luz
todo mi sufrimiento se desvanecerá.

¿Cuántos días he errado en tu busca,
esencia de todo?
¡Oh Madre mía!, ¿no vendrás a mí,
para concederme la dicha infinita del Ser?
¿No vendrás?

Una vez que hubo acabado el canto, Amma se encontraba en un estado de exaltación. Entonces se puso a cantar *Radhe Govinda Bhajo*, riéndose a carcajadas, mientras que su cuerpo se balanceaba de delante hacia detrás, como si bailase al ritmo del cosmos. Mientras cantaba, sus manos ejecutaban espontáneamente mudras divinos. Poco a poco volvió al estado de conciencia normal. Viajaron durante cierto tiempo en silencio hasta que Amma reanudó la palabra. Les contó una historia.

El silencio es la justa respuesta

"Amma oyó contar la siguiente historia: Érase una vez un Maestro reputado por su sabiduría y grandeza espiritual. Daba magníficos sermones que entusiasmaban profundamente a la gente. Algunos aldeanos que experimentaban el deseo de oírle hablar, le invitaron para que viniese a su aldea. El Maestro aceptó. Cuando llegó, le esperaban cientos de personas. Tras una suntuosa recepción, el Maestro subió al podio para pronunciar su discurso. La muchedumbre estaba ávida de oír sus palabras. Les dijo: '¡Queridos hermanos y hermanas!, estoy dichoso de tener el privilegio de estar hoy con vosotros, pero permitidme que os haga una pregunta: ¿Sabe alguien el tema del que voy a hablar?' En respuesta a su pregunta, toda la multitud exclamó: '¡Sí, lo conocemos!' El Maestro se detuvo un instante, miró a la multitud sonriendo y dijo: 'Bien, entonces si todo el mundo lo conoce, es inútil que diga nada, ¿verdad?' Sin añadir palabra alguna, bajó del podio y se fue del pueblo.

Los aldeanos estaban muy decepcionados. Decidieron invitar de nuevo al Maestro, el cual, una vez mas, aceptó.

Llegado el día, le dieron la bienvenida de la manera tradicional. En el momento de empezar su discurso, hizo al público la misma pregunta que la vez anterior, pero esta vez los aldeanos se habían preparado. Entonces, cuando preguntó: "¿Conoce alguien el tema del que vamos a hablar hoy?', respondieron todos al unísono: '¡No, no tenemos ni idea!'

El Maestro hizo una pausa, mientras que su rostro albergaba una sonrisa ligeramente maliciosa. 'Queridos amigos, si lo ignoráis todo sobre el tema, es inútil que yo dé una disertación, ¿verdad?' Antes de que nadie hubiera tenido tiempo de protestar, ya se había ido. Los asistentes quedaron estupefactos. Habían creído con mucha certeza que la respuesta que esperaba el Maestro era: '¡No!' Podéis entonces imaginar lo decepcionados que estaban. Sin embargo, rechazaron darse por vencidos. Se preguntaron. '¿Cuál podría ser la respuesta que el Maestro espera, sino es ni sí, ni no?' ¿Qué tendrían que decir para poder beneficiarse finalmente de su sabiduría? Se reunieron para debatirlo y decidieron lo que tendrían que responder la vez siguiente. Estaban seguros de que esta vez funcionaría. Invitaron una vez más al Maestro. Llegó el día convenido. Los aldeanos estaban a la vez, tensos y entusiastas. Una vez más, el Maestro, en el podio, les hizo la pregunta: 'Queridos hermanos y hermanas, ¿conoce alguien el tema del que deseo hablar hoy?' Sin dudarlo un sólo instante, la mitad de la multitud gritó: '¡Sí!', mientras que la otra mitad gritaba: '¡No!'

Esperaban, llenos de esperanza, expectantes a los labios del Maestro, pero éste dijo: '¡Bueno, que los que saben enseñen a los que no saben!'

No se esperaban este golpe. Antes de que pudiesen recuperarse del impacto, el Maestro se fue tranquilamente.

¿Qué hacer ahora? Estaban determinados a oírle hablar. Decidieron intentarlo una vez más. Se reunieron de nuevo. Hubo todo tipo de sugerencias, pero ninguna parecía ser la respuesta adecuada. Finalmente, un anciano se levantó y dijo: 'Todas las respuestas que damos parecen malas; la próxima vez que el Maestro haga la pregunta, ¿no sería mejor que nos quedásemos mudos, sin decir nada?' Los aldeanos estuvieron de acuerdo.

Cuando volvió el Maestro hizo la pregunta habitual. Pero esta vez nadie dijo una sola palabra. Había un silencio tal, que se podía oír el vuelo de una mosca. En la profundidad de este silencio el Maestro se puso finalmente a hablar, y sus palabras de sabiduría se derramaron sobre los aldeanos".

Cuando Amma hubo terminado la anécdota, Amritatma pensó: "¡Qué historia tan bonita! Pero, ¿qué significado tiene? Debe tener un sentido profundo; si Amma quisiera explicarlo..." Antes de que hubiera podido acabar de pensarlo, Amma se volvió hacia él y le dijo: "El sentido de la historia es que no podemos oír la voz de Dios más que en la profundidad del silencio puro. En el transcurso de la primera visita, cuando el maestro preguntó si sabían de qué iba a hablar, los aldeanos respondieron: '¡Sí!', que en este contexto representa la voz del ego. El pensamiento: "yo sé", procede del ego. Cuando el intelecto, sede del ego, está lleno de información, nada puede penetrar en él. La mente que está llena hasta el borde de saber intelectual no puede recibir la mínima gota de conocimiento espiritual. Por ello, el maestro no dijo nada en el transcurso de su primera visita.

La segunda vez, los aldeanos respondieron: '¡No, no sabemos nada!' Se trata de una declaración negativa. Una mente cerrada tampoco puede recibir el conocimiento supremo. Para ello, hay que estar abierto y receptivo como un niño inocente.

En la tercera oportunidad, dijeron a la vez si y no. Esto ilustra la naturaleza inconstante de la mente, siempre sujeta a la duda. Una mente inestable no puede abrirse al conocimiento verdadero.

Cuando la gente acabó por callarse, el maestro habló. Cuando la mente detiene sus interpretaciones podemos oír por fin la voz de Dios en el interior.

Es comparable a un vaso que quisiéramos llenar de agua. La primera respuesta: 'Sí, sabemos', es como un vaso que ya está lleno hasta el borde. No se puede echar una sola gota más. La segunda respuesta: 'No, no sabemos nada', es como un vaso puesto al revés. Es inútil tratar de llenarlo. La respuesta: "Sí" y "No" a la vez, es como un vaso de agua con barro. El agua está contaminada y ha perdido su pureza. Es inútil querer echar más, puesto que esta agua también quedaría contaminada. La cuarta respuesta, el silencio, es como un vaso vacío que se ha puesto bien recto: se puede llenar con el agua del conocimiento, y entonces lo conservará.

Para poder escuchar, asimilar y digerir las palabras de un Maestro, tenemos que desarrollar nuestro oído interior. Los oídos físicos son incapaces de escuchar a Dios. Funcionan, por lo general, como dos ventiladores: el sonido entra por uno y sale por el otro. Necesitamos un oído interior especial.

Para integrar las palabras de un Maestro tenemos que estar abiertos interiormente. Para recibir su enseñanza debemos desarrollar un registro especial. Una mente ruidosa, saturada de palabras, debe aprender a permanecer en silencio y a escuchar con atención. Escuchar implica con todo nuestro ser, no se limita sólo a una parte de vosotros, es decir, a la mente y al oído".

El camino hacia la entrega de sí mismo

"Sólo cuando Arjuna se calló, Krishna se dispuso a hablarle en el campo de batalla. Al comienzo, Arjuna tenía muchas ideas falsas. Hablaba y filosofaba sin fin. Finalmente, cuando se sintió agotado y totalmente desamparado, dejó sus armas y quedó al lado de Krishna sin decir palabra alguna. Su arco y sus flechas simbolizan el ego, el intelecto, el sentido del yo y de lo mío, la actitud: 'Puedo combatir y vencer'. Renunció al ego y se quedó tranquilo, en un estado de desesperación total. Su conocimiento del mundo, su título de rey, su fuerza y sus capacidades de gran guerrero, ahora, no le eran de utilidad alguna. No tenía otra elección que aceptar su fracaso total. Y habiéndolo reconocido, transmitió a Krishna su abatimiento. Fue en aquel momento cuando habló el Señor, puesto que Arjuna sólo entonces estuvo lo suficientemente abierto como para escuchar. Esta tranquilidad silenciosa es el estado de entrega de sí mismo. Sólo en este silencio se puede realmente escuchar. En este silencio interior, cuando todo tu ser está calmado y tranquilo, se produce la entrega de sí mismo. Por lo tanto, es imposible enseñar a nadie cómo entregarse. Este estado surge simplemente en presencia de un *Satguru*. El Maestro conduce hasta ahí al discípulo creando las condiciones necesarias para este fin.

Cuando Arjuna pidió ver a sus enemigos, que esperaban con impaciencia combatir contra Krishna y los Pandavas (Arjuna y sus cuatro hermanos), Krishna, el ser universal, colocó deliberadamente el carro de forma que Arjuna pudiese ver a Bhisma, Drona y a los demás guerreros que amaba y respetaba profundamente. El Señor había creado poco a poco diferentes situaciones para llegar a este momento final: la entrega de sí mismo de Arjuna. No era más que el último eslabón en una cadena de circunstancias creadas para este fin. Krishna sabía que la visión del campo enemigo sería el punto culminante de este proceso. Y es exactamente lo que sucedió. Viendo ante él en el campo de batalla a la gente contra la que se disponía a combatir, que eran sus parientes y amigos queridos y sus maestros a quienes reverenciaba, quedó sumido en el apego y el miedo. Se puso a hablar como un ser profundamente desequilibrado, vertiendo el contenido de su mente: el saber y los valores que había amasado en el mundo. Krishna le permitió que se expresase completamente; Arjuna pronto se cansó. Tomó conciencia de la ilusión que le aprisionaba. Comprendió que no podía resolver la situación extraordinaria en la que se encontraba y acabó por entregarse al Señor. Sin embargo, esta entrega no surgió más que cuando hubo cesado de hablar. Del mundo de las palabras pasó a un nuevo mundo de silencio interior y pudo escuchar con todo su ser las palabras de sabiduría de Krishna.

Todos esperan triunfar en la vida, y aquellos que conocen el éxito esperan seguir así, o incluso hacerlo mejor. Hay gente que todavía no ha alcanzado la cima, pero que se esfuerza por ello, y los que han fracasado esperan también mejorar su situación. Todos viven en una gran tensión. Soportan mucho estrés y cansancio. Hayan fracasado o hayan tenido éxito en el pasado, albergan grandes esperanzas respecto al futuro y no cesan de soñar con él. En su caso, la entrega de sí mismos no se producirá fácilmente puesto que están muy inclinados a seguir luchado. Por el contrario, una persona que se encuentra en el estado interior de Arjuna no tiene otra elección que entregarse. Se siente completamente anonadado. Para una persona así, ya no se trata de esperanza o de desesperanza, de pasado o de futuro. Se entrega. Eso es todo.

"Sólo un *Satguru* puede conducirte a este estado, que no surge más que en presencia suya. Poned a un lado vuestra lógica, vuestras interpretaciones y explicaciones, como hizo Arjuna, puesto que nada de todo esto os ayudará en el momento crítico, cuando comprendáis que habéis fracasado. Este fracaso es del ego, del intelecto. Acéptalo y permítete pasar a un estado de silencio interior. Entonces, en este silencio, podrás entregarte con facilidad.

"Cuando lo has intentado todo y has fracasado, es cuando te capacitas para entregarte a Dios. Por más que fracases innumerables veces, sigues intentándolo hasta que aceptas tu impotencia. Tomas plena conciencia de tu incapacidad para progresar. Es en este momento cuando te entregas. De modo que, sigue intentándolo. Ya sea hoy o mañana, todos deben pasar por este sentimiento de fracaso final.

"Todo esfuerzo proviene del ego. Como el ego es limitado, su poder también lo es. Tarde o temprano, la derrota y el fracaso total son, pues, inevitables. Cuando esto se produce, tu mente se vuelve silenciosa y te entregas. Todo tu ser se dirige hacia Dios. Tu esfuerzo es lo que conduce a este sentimiento de total fracaso, que posteriormente te permite entregarte.

Desdichadamente, tenemos una fuerte tendencia a querer explicarlo todo, sin aceptar jamás nuestro fracaso; siempre encontramos buenas razones para justificar nuestras acciones.

Os contaré una historia:

Un hombre entró en un restaurante y pidió el almuerzo. Tenía tanta hambre que cuando le llevaron la comida empezó a ingerirla vorazmente empleando para ello ambas manos. El camarero, estupefacto por este extraño comportamiento, le preguntó: "Pero, ¿qué hace? ¿Por qué come así, con las dos manos?"[6] El hombre respondió: "Pues porque no tengo tres manos".

---

[6] En la India, tradicionalmente no se suele comer mas que con la mano derecha, ya que se considera que la izquierda es impura.

Así es la mayoría de la gente. No tienen la honestidad de decir la verdad, ni de reconocer sus errores. Pase lo que pase, siempre tratan de justificar sus actos".

Amma se calló y miró por la ventana. El viaje había sido largo. Había salido de Garberville a las diez de la mañana, y ahora ya eran las 5 de la tarde. Se acercaron al monte Shasta. Amma contempló el cielo durante un momento. Después, la montaña apareció en el horizonte. Amma se fijaba intensamente en un punto preciso, pero nadie pudo decir si era en el cielo o en la montaña.

El Monte Shasta

Cuando llegaron por fin, a las 6 de la tarde, Amma fue calurosamente recibida por un grupo de devotos de la región. Dos horas más tarde se subió al automóvil para dirigirse a la ciudad en la que debía celebrarse el programa de la tarde. Mucha gente había venido de San Francisco para verla. Una gran multitud la esperaba en la sala, que estaba situada justo al lado del nacimiento del inmenso río Sacramento: un delgado hilo de agua clara y helada que brotaba del suelo, alimentado por la fusión de la nieve de las montañas de los alrededores.

Después de los *bhajans*, Amma dio *darshan* a sus hijos. Cuando hubo abrazado a todo el mundo, eran las tres de la mañana. A pesar del largo viaje y de tantas horas dedicadas al *darshan*, parecía fresca como una flor en eclosión.

La vida en el Monte Shasta era simple. No había más que pequeñas casas rústicas sin electricidad, pero el lugar era tranquilo y apacible. La gente que allí vivía se complacía en mantenerse alejada del ruido y de la agitación de la ciudad. Preferían la naturaleza, aunque no tuviesen más que unas pocas comodidades.

El *darshan* de la mañana se celebró al aire libre, en una colina, con la montaña sagrada como telón de fondo, cuyo perfil majestuoso dominaba la escena, pareciendo contemplar, como un testigo silencioso, la belleza y la gracia de la Madre universal que bendecía sus estribaciones con su presencia. El aire de la mañana era vivo y estaba cargado con la energía divina de Amma. Estaba rodeada por sus devotos. La jornada empezó con una meditación seguida del *darshan*. Las horas pasadas con ella en este magnífico paisaje constituyeron para todos una experiencia inolvidable.

Algunos meses antes los devotos habían construido un pequeño templo para Amma. Expresaban el deseo de que el *darshan* del día siguiente se celebrase en el templo. Cuando Amma hubo dado su permiso, los devotos entusiastas pasaron el mediodía limpiando y agrandando la parte delantera de la pequeña construcción para que pudiesen caber más personas.

Al día siguiente por la mañana, cuando Amma entró en el templo, la gente daba palmas mientras cantaban *Amma Amma Taye*. Los rostros reflejaban con claridad el gozo interior que experimentaban.

Amma Amma Taye

¡Oh Madre!,
Madre divina bien amada,
Diosa del Universo
Tú, que nutres a todas las criaturas
Eres el poder supremo y primordial.

Todo en este mundo
es el efecto de tu juego divino;
¡Protégeme, Oh Madre!,
Sin haber concebido,
has dado nacimiento a millones y millones de seres

¡Oh Hermana del dios Vishnu!
cuya montura es el pájaro Garuda,
¡Oh bella diosa!

Desde mi nacimiento canto tus alabanzas.
Tú eres la perfección,
la causa primordial,
la destructora.

¡Oh Madre, Tú eres la meta de mi vida!
¡Oh diosa del universo, no me ignores!
Tú eres la diosa Lalita, soberana del mundo
¡Oh Madre, si me sumerges sin cesar en dificultades,
¿Quién va a protegerme?
¡Oh Madre de encantadora mirada!,
Tú eres el testigo omnipresente de todo.

¡Oh Madre!
Madre bien amada…

Después de la ceremonia habitual, que consiste en lavar los pies sagrados de Amma, seguido del *arati* y de la meditación, Amma llamó a la gente para el *darshan*. Una niña pequeña se coló a través de la multitud para unirse a Amma y entregarle un dibujo. Había tratado de dibujar el retrato de Amma. Justo debajo, había hecho unos garabatos propios de la escritura infantil, que decían: "Te quiero, Amma". Amma pareció quedar muy impactada. Tomó el dibujó y se lo llevó hasta su rostro tocándolo con la frente en señal de amor y respeto. Besó a la niña y la tomó en sus brazos. Apretándola contra ella, Amma la acunó con mucho afecto.

Cuando por fin quiso volver a ponerla de pie, la niña rechazó irse. Rodeando con sus brazos la cintura de Amma, dijo en voz alta: "¡No, me quiero quedar en el regazo de Amma!" su inocente declaración provocó numerosas risas. Alguien exclamó: "¡Sí, eso lo que nos gustaría a todos!" Todo el mundo se rió de nuevo. Amma también estalló en risas, mientras que la niña se acurrucaba, con los ojos cerrados, en el regazo de Amma. A continuación, vino su madre y, engatusándola, la persuadió para que se fuera.

Sólo existe el Atman

Un devoto preguntó a Amma: "Amma, he visto que te llevabas las ofrendas o las cartas de tus devotos hasta la frente, como si te inclinaras ante ellas. Acabas de hacerlo ahora cuando esta niña te ha dado su dibujo. ¿Que significado tiene esto?"

Amma: "Hijos míos, Amma ve a Dios en todo. Para Amma no existe nada más que Dios o el *Paramatman*. Sólo existe el *Atman*. Amma ve todo como parte de este Todo, como una prolongación de su propio Ser. Cuando percibimos todo como una parte de nosotros mismos, ¿cómo vamos a ignorar nada? ¿Cómo podríamos considerar insignificante a un ser vivo, o incluso a un objeto inanimado? En este estado de conciencia no existe el sentido de la diversidad: la Conciencia lo impregna todo.

Sólo cuando nos percibimos como una entidad separada podemos ignorar a los demás o considerarles insignificantes, puesto que entonces nos identificamos con el ego, con nuestra ira, nuestro odio, nuestra envidia, nuestra tendencia a criticar y nuestras demás cualidades negativas. Sin embargo, cuando nos unimos al Ser, no damos ninguna importancia a los sentimientos mezquinos. El ego se hace insignificante. Moramos entonces, constantemente en el Ser, en el corazón mismo de la existencia. Experimentamos el sentimiento de la diversidad porque hemos olvidado nuestro verdadero Ser y porque el ego interfiere. Actualmente no tenemos conciencia más que de nuestro pequeño ser; estamos centrados en nosotros mismos. Tenemos que crecer para salir de él y centrarnos en nuestra verdadera naturaleza, que es Brahman, la Conciencia absoluta.

Un pobre se esfuerza para hacerse rico; un obeso para perder peso, y un enfermo hará todo lo posible por encontrar un remedio para su enfermedad. El problema no es, pues, la falta de conciencia del ser limitado. La gente está muy consciente de su cuerpo y de su existencia física. Éste no es el tema. El problema es que, al mismo tiempo, ignoran todo sobre su divino Ser interior. Una vez que os hayáis hecho conscientes del ser infinito, dejáis de identificaros con el pequeño ser limitado.

La gente ha olvidado quién es, sin embargo, es el centro de toda la creación. En lugar de ser conscientes de ello, se identifican con lo que no son.

Sois el centro de todo el espectáculo

"Amma va a contaros una historia. En algún lugar se daba una gran recepción. Se trataba de una bonita fiesta, todo era perfecto y los invitados se estaban divirtiendo mucho. Alrededor de la medianoche, un intruso con alguna deficiencia mental, se introdujo en la casa y se unió a la celebración. Abordó al dueño de la casa y le dijo: '¡Qué fiesta tan aburrida! ¡Qué atmósfera tan sofocante!' Siguió denigrando la reunión de forma tan convincente, que el anfitrión acabó por quedar persuadido de que tenía razón. Olvidó lo que se había divertido hasta entonces y creyó sinceramente que la recepción era horrible. ¡Incluso olvidó que él era el dueño de la casa! Dijo al intruso: 'Tiene usted toda la razón. ¡Es horrible! Vayámonos, pues, a otro lugar' 'Sí', respondió el otro, 'Voy a organizar yo mismo una velada magnífica; será mi fiesta y usted será mi invitado'. Le prometió cosas maravillosas. Se fueron a su casa. Era un lugar lúgubre, sucio, sin vida, y no había nadie. De modo que, el loco, creyendo sus propias ilusiones de grandeza, se esforzó por convencer a su invitado de que la casa oscura era un magnífico hotel y que iban a divertirse mucho. 'Pronto va a empezar', repetía. Pero no pasaba nada. Al principio, el hombre le creyó, pero de repente tomó conciencia de la situación. '¡Espera un momento!' '¿Qué pasa?', dijo el loco, que parecía inquieto. '¡Oh, no!', exclamó el hombre: '¿Qué hago aquí en este horrible lugar? ¡He olvidado que soy el anfitrión de esta maravillosa recepción en mi casa! He olvidado cómo me estaba divirtiendo allí'. Ignorando las protestas de su interlocutor, el hombre salió y se apresuró por volver a su casa. Sus amigos continuaban allí todavía y se estaban divirtiendo mucho, sin ni siquiera darse cuenta de su ausencia. Sonrió, y se unió de nuevo a ellos.

La especie humana se encuentra en una situación parecida. La gente ha olvidado quien es. Estamos destinados a vivir en nuestra morada verdadera y maravillosa, en nuestro hogar, para gozar de la fiesta magnífica que constituye la vida y la creación. Al igual que el anfitrión de la historia, en realidad estamos en el centro de todo, pero lo ignoramos. Algo se ha cruzado por medio. Se ha introducido el ego y nos ha sumido en un estado de completo olvido, de inconsciencia. Hemos olvidado que nos hallamos en medio de una fiesta espléndida. Como sonámbulos, hemos partido a unirnos al ego, al intruso, para lograr gozos que en realidad no existen.

El ego procede del exterior, pero nosotros, los anfitriones, el verdadero centro de la magnífica recepción alrededor de la cual se desarrolla el juego de la creación, hemos olvidado por error, nuestro verdadero ser, nos hemos apegado al ego, al impostor, identificándonos con él y con sus conceptos erróneos.

Despertémonos de nuestra torpeza y recordemos que somos el anfitrión, el verdadero centro de la creación. Entonces, también nosotros exclamaremos: '¡Oh!, pero ¿qué estoy haciendo aquí? ¡He olvidado que soy el anfitrión de esta recepción! ¡Allí se encuentra mi morada! He olvidado completamente cómo me estaba divirtiendo allí'. Entonces, sin perder un solo instante, os precipitaréis hacia vuestro verdadero hogar y permaneceréis en el Ser de dicha y alegría.

Establecidos en el Ser, vuestro verdadero hogar, sois el testigo universal. Todo gira alrededor del Ser. Anclados para siempre en el Ser, os divertiréis y apreciaréis el juego divino.

Los demás también forman parte del juego, pero para ellos se trata del juego del ego. Su ignorancia les coloca en las fauces del ego. En lugar de permanecer como testigos del juego, quedan atrapados en sus redes y se identifican con él. Por el contrario, un ser despierto, aunque le guste participar en él, jamás se identifica con el juego. A sus ojos, se trata del juego de la conciencia infinita. Todos los demás juegan como sonámbulos, en un estado de completo olvido, pero aquél cuyo centro se encuentra en el *Atman*, está perfectamente despierto y consciente.

En este juego infinito de la conciencia, en el cual Dios es el centro, nada es insignificante. Lo Divino lo impregna todo; la mínima brizna de hierba, el mínimo grano de arena, están llenos de energía divina. Los seres despiertos tienen, pues, una actitud de profundo respeto y humildad por el conjunto de la creación. Una vez que trascendéis el ego, no sois nada; sois una nada infinita llena de Conciencia divina. Cuando os inclináis sin cesar con un sentimiento de humildad ante la totalidad de la existencia, ésta fluye en vosotros. Todo forma parte, pues, de vosotros; nada está separado.

Pensad hasta qué punto os preocupáis de vosotros mismos. Deseáis comer bien, poseer la casa de vuestros sueños, una cama cómoda, un bonito coche y no queréis que nadie os haga mal u os insulte. Deseáis ser constantemente felices. Y es porque os amáis, por lo que os preocupáis de vosotros mismos más que de cualquier otra cosa. Tratad ahora de imaginar lo que será cuando seáis uno con los demás seres y objetos. Amaréis y honraréis de manera semejante a los demás seres y cosas, pero este sentimiento tendrá una profundidad y un poder infinitamente mayor que el amor que experimentabais por vosotros mismos".

Amma se puso a cantar:

Devi jaganmata

¡Gloria a la diosa, a la Madre del universo
a la diosa de la energía suprema!

¡Oh Virgen eterna
Tú, que practicas austeridades
en la orilla del mar azul en Kanyakumari
¡Ven y concédeme tu bendición!

¡Oh Madre, Tú cuya verdadera naturaleza es la Luz!
¡Y cuya forma maravillosa
está hecha de sabiduría, de verdad, de energía y dicha!
Om ¡Gloria a la Madre del universo!

Un privilegio en el Monte Shasta

No había previsto ningún *darshan* para el día siguiente. Por la mañana, Amma debía partir para San Francisco, y desde allí tomar el avión para Nuevo México el día siguiente por la mañana. Sin embargo, decidió no perder el día y anunció que daría un *darshan* más en el Monte Shasta. Los devotos estaban encantados. La perspectiva de la partida de Amma les había entristecido.

Prepararon pues, una vez más, el pequeño templo para el *darshan* de Amma, que llegó hacia las diez. Como llovía, todo el mundo se apiñó en el templo. El pequeño edificio pronto estuvo lleno a rebosar.

El *Devi bhava* de la noche anterior había sido muy largo, sin embargo, parecía que Amma estaba tan fresca y radiante como de costumbre. Pasó todo el día con los devotos. Amritatma, sentado a su lado, estaba sorprendido de ver cómo se entregaba Amma, derramando su amor sobre todos. Todo su ser estaba presente en lo que hacía. A través de cada palabra, cada mirada, cada caricia y cada sonrisa, Amma se prodigaba a sí misma. Nada se hacía de forma parcial. A cada instante, toda acción era completa, perfecta. Cada gesto, cada palabra, cada mirada y cada sonrisa de Amma actuaba como un imán en la gente. Era imposible hacerles partir.

A lo largo del día, los padres llevaban a sus hijos a ver a Amma. Era visible que éstos la adoraban. Su rostro brillaba de alegría mientras les mostraba su amor; jugaba y bromeaba con ellos.

Amma prestaba a todos mucho tiempo y atención. Algunos, hacían preguntas sobre temas espirituales, otros le pedían que bendijese a su familia o les ayudase en sus estudios. Otros esperaban que les curarse de sus enfermedades. Muchos se fundían en lágrimas sobre sus rodillas.

Como de costumbre, los cantos devocionales acompañaban al *darshan*. A veces, Amma cantaba un *bhajan* entero mientras mantenía la cabeza de un devoto sobre sus rodillas. Solía entrar en un éxtasis profundo. El templo desbordaba con un sentimiento extraordinario de paz y alegría. Amma cantó Mano buddhya.

Mano buddhya

No soy ni la mente, ni el intelecto, ni el ego ni la memoria,
no soy el gusto,
ni el oído, el olfato o la vista,
no soy la tierra,
ni el fuego, el agua, el aire o el éter,
Yo soy pura conciencia beatífica
soy Shiva,
soy Shiva

No soy la acción justa o falsa
ni el placer o el dolor,
no soy ni el mantra ni los lugares sagrados,
ni los Vedas, ni el ritual,
no soy ni el acto de comer,
ni el que come, ni el alimento
Soy pura conciencia beatífica
soy Shiva,
soy Shiva

No tengo ni nacimiento ni muerte
No tengo miedo alguno,
no hago distinción alguna de casta
No tengo ni padre ni madre,
ni amigo ni compañero
Soy pura conciencia beatífica
soy Shiva
soy Shiva

No tengo forma
no hay movimientos en mi mente
Soy el Omnipresente, existo en todo lugar
Y, sin embargo, me encuentro más allá de los sentidos
No soy ni el saludo
ni nada de lo que puede ser conocido
Soy pura conciencia beatífica
soy Shiva
soy Shiva

Un devoto pidió un mantra. Amma concedió su deseo, y después, a petición suya, dio algunas explicaciones respecto al tema de los mantras.

El mantra

Amma: "Hijos míos, cuando Amma os da un mantra, siembra en vosotros la semilla de la espiritualidad. Deposita un poco de ella misma en vuestro corazón. Pero después tenéis que trabajar. Tenéis que cultivar esta semilla meditando, orando y repitiendo vuestro mantra de forma regular, sin falta. Es indispensable que os comprometáis totalmente.

El medio natural de obtener yogur consiste en poner un poco de él en leche caliente. Una vez añadido el germen, debéis dejar reposar la leche durante un tiempo para que se transforme en yogur. De la misma manera, Amma ha depositado en vosotros una parte de sí misma. Debéis ahora dejar que la leche repose, es decir, debéis alcanzar un estado de silencio interior gracias a la repetición constante de vuestro mantra y a otras prácticas espirituales. Todo vuestro ser quedará transformado y realizaréis vuestra naturaleza divina".

Un joven señaló:

"Amma, antiguamente los maestros espirituales sometían a un discípulo potencial a severas pruebas antes de darle un mantra. Tú, no lo haces. ¿Por qué nos das un mantra sin examinar primero nuestra actitud espiritual?"

Amma sonrió y respondió: "¡Simplemente porque Amma os quiere! ¿Cómo podría una madre negarse a ayudar a sus hijos? Por muy incompetentes que sean, lo único que experimenta por ellos es compasión. Vosotros sois los hijos de Amma, y ella quiere que todos lleguéis a la meta final. Por ello os da un mantra. Es inútil comprender la razón; simplemente utilizad el mantra repitiéndolo constantemente y os llevará al estado de realización.

La fuerza vital de un maestro perfecto ha sido sublimada; es totalmente pura. Un ser así se halla libre de todo deseo. Es como un gran transformador capaz de transmitir a los demás un poder ilimitado. Recibiendo la iniciación a un mantra recibís una parte del poder espiritual del maestro. Cumpliendo un *sadhana* podéis convertiros en esta misma esencia pura. En otras palabras, os convertiréis en el Maestro; os fundiréis en él.

El mantra dado por un *Satguru* os llevará al estado del *Paramahamsa*, el cisne supremo." [7]

Como Amritatma estaba traduciendo en inglés, hizo un error al pronunciar la palabra cisne (swan), y lo que se oyó fue la palabra cerdo (swine). Todo el mundo se preguntaba lo que realmente Amma quiso decir. Viendo las caras perplejas de la gente, Amritatma repitió varias veces la palabra. La gente preguntaba: "¿Swine? ¿A qué se refiere con swine?" Alguien dijo: "No quiere decir cerdo, ¿verdad?" Amritatma dijo: "¡No, no!" Finalmente alguien lo comprendió, y dijo: "¡Oh, quería decir swan! (cisne)"

Cuando se resolvió el malentendido, Amma se rió tanto que se le movía todo el cuerpo.

Después de esta conversación, el resto de las personas presentes querían un mantra, y Amma estaba dispuesta a satisfacer su deseo. Cuando todos hubieron recibido su mantra, ella hizo una elaboración sobre el tema.

"Para comenzar, repetid el mantra suavemente, moviendo los labios. Después, hacedlo mentalmente. Más tarde, con cada inspiración y expiración, repetid el mantra hasta que se convierta en algo espontáneo y continuo. Acabaréis por alcanzar un estado de meditación en que la mente se vuelva silenciosa, y el japa (la repetición del mantra) cese por sí mismo".

Pregunta: "Pero Amma, ¿cómo vamos a encontrar bastante tiempo para repetir el mantra? Estamos muy ocupados".

---

[7] El estado final se representa simbólicamente por un cisne. Se dice que el cisne puede extraer la leche de una mezcla de leche y agua. Esto representa el estado supremo donde es posible discernir entre el *Atman* y el no-*Atman*, entre el Ser eterno por una parte y el mundo exterior que cambia sin cesar, por otra.

Amma: "Hijos míos, encontraréis más tiempo del necesario si tenéis suficiente determinación y experimentáis un deseo sincero. Sed pacientes. Escuchad esta historia.

Había una vez un hombre de negocios que era preso de muchas preocupaciones e inquietudes. Trató diferentes métodos para calmar su mente, pero todo fue en vano. Un día, vio un santo sentado bajo un árbol y decidió ir a pedirle consejo. Se postró ante el maestro y dijo: '¡Oh maestro reverenciado!, estoy lleno de preocupaciones. No tengo paz interior alguna. Te lo ruego, dime qué puedo hacer para encontrar la felicidad'.

El sabio respondió: 'Trata de hacer algunas prácticas espirituales mañana y tarde'.

"¿Pero cómo voy a encontrar tiempo?", exclamó el hombre de negocios sacando de su bolsillo un manojo de llaves que hizo bailar ante el maestro. '¡Mira todas estas llaves, cada una de ellas corresponde a una multitud de responsabilidades que tengo! ¡Por favor, muéstrame un camino más fácil!'.

El maestro respondió: "De acuerdo, voy a iniciarte en un mantra. Trata de repetirlo varias veces al día. Eso es todo".

'¡Pero ni siquiera tengo tiempo libre para hacer eso! ¿No hay nada más fácil?'

'¿Qué distancia hay entre tu cama y el cuarto de baño?', preguntó el Mahatma.

Sorprendido por esta extraña pregunta, el hombre de negocios respondió: 'Unos doce metros aproximadamente'.

'Estoy seguro de que no tienes ningún otro trabajo que hacer mientras recorres esa corta distancia. Trata pues de repetir tu mantra por lo menos durante esos segundos cada mañana'. Y el Mahatma le dio el mantra.

Al día siguiente, al despertarse, el hombre de negocios no olvidó cantar el mantra al ir al cuarto de baño. Después, cuando se cepillaba los dientes, pensó: 'También puedo repetir el mantra ahora', y se dio cuenta de que podía hacerlo también al tomar la ducha, al vestirse y al ir a trabajar. Varias veces en el transcurso del día vio que podía cantarlo algunas veces por lo menos. Pasaron los días y cada vez encontró más tiempo para su práctica, hasta que tomó la costumbre de seguirla en todas partes, hiciese lo que hiciese. Esto provocó en él un profundo cambio. Encontró la paz interior que buscaba, y sus negocios mejoraron en igual medida.

Algunas personas quieren saber el significado del mantra, pero cuando tomas un avión, ¿es necesario saber de qué metal está hecha la cabina, cómo funcionan los instrumentos, o bien quién es el piloto? No necesitáis conocer todos esos detalles. Simplemente repitiendo el mantra, llegaréis a la meta.

El objetivo final de la vida es la realización del Ser. Sabiendo esto, deberíamos tomar conciencia de la naturaleza efímera de este mundo y repetir nuestro mantra en cuanto nos sea posible, con determinación, con una fe sólida y con una perfecta concentración.

Nos esforzamos por atravesar el océano de la transmigración: el ciclo de la muerte y el nacimiento. El mantra es el remo de nuestro barco. Es el instrumento que empleamos para atravesar el *samsara* de la mente siempre agitada por las olas constantes de sus pensamientos. También se puede comparar el mantra a una escalera cuyos peldaños empleamos para alcanzar las alturas de la realización.

Es posible cantar el mantra en todas partes, en todo momento. Deberíais hacerlo sin cesar, incluso cuando vais al baño. Si lo repetís constantemente, visualizando la divinidad que representa, adquiriréis poco a poco las cualidades de esta divinidad".

Pregunta: "Amma, ¿Es adecuado visualizar tu forma?"

Amma: "Puedes hacerlo si así lo deseas. Amma se sentiría feliz si cientos de personas se volviesen como ella, puesto que así podrían servir a muchas más personas en el mundo".

Todos vuestros pensamientos
pasan a través de mi

Bien entrado el mediodía, Amritatma estaba agotado y comenzaba a impacientarse. Durante todo el día, sin pausa alguna, había traducido las respuestas de Amma a las preguntas que le hacían, y se ocupaba también de explicar la práctica del mantra a los que lo recibían. Pero Amma no mostraba signo alguno de cansancio. Sonreía alegremente e irradiaba un amor y una energía inagotables. Amritatma tenía ganas de decirle: "¡Amma, ya basta! Son las cuatro de la tarde. ¿Por qué no puedes parar?"

En el momento en que tuvo este pensamiento, Amma se giró hacia él y le dijo: "¿Cómo va a parar Amma cuando sus hijos la llaman llorando para que les ayude? Hijo, deberías entregarte y aceptarlo, pues sólo así se puede encontrar la verdadera felicidad".

Amma miró un momento a Amritatma y le dijo: "Hijo, cada pensamiento de mis hijos pasa a través de mi ".

A las 5 de la tarde Amma acabó finalmente de dar el *darshan* y se levantó. Pero antes de partir se quedó un momento en el templo para charlar con los devotos. Estaban extremadamente impresionados por la compasión de Amma. A las 5 y cuarto Amma partió. Caminando hacia el pequeño autobús, cantó:

Shiva Shiva Hara Hara

¡Oh Tú, que eres auspicioso!,
destructor de lo irreal
Vestido de nubes,
Dios de belleza
Que tocas el tamborcillo damaru

Sostienes en tus manos un tridente
Tú, que liberas del miedo y concedes favores
Tú, de cabellos enmarañados y de miembros cubiertos de
cenizas

Tú, que estás adornado con una guirnalda de cobras
y con un collar de cráneos humanos
Tú, a quién la luna llena adorna la frente
y cuyos ojos están llenos de compasión
¡Oh Tú, que eres auspicioso!
¡Tú, el destructor!
Gran dios.

Cuando Amma subió al microbús, enseguida se formó una multitud, ya que todos querían verla una vez más antes de su partida. Cuando se alejó el vehículo, todavía estaba lloviendo. La lluvia había caído durante toda la jornada, pero no era gris y triste, sino que se trataba de una lluvia placentera que bailaba en el suelo, como si la naturaleza reflejase la atmósfera de alegría y de fiesta en torno a Amma. Imitaba, alegre, la oleada de su gracia con un chaparrón ininterrumpido de gotitas brillantes.

Santa Fe

El 4 de junio Amma llegó a Nuevo México. Iba a pasar cerca de dos semanas en Santa Fe y en la ciudad vecina de Taos, dando *darshan* a diario. En Santa Fe, Amma se alojó en casa de Steve y Cathy Schmidt, que vivían en el campo, en los alrededores de la ciudad. Amma recibió a la gente en el comedor. La multitud era poco numerosa, con lo cual Amma consagró muchas horas al *darshan*.

Cómo curar las heridas del pasado

Un joven se acercó a Amma y le preguntó: "Amma, muchos occidentales han sido heridos y engañados por algunos gurús que han venido a Occidente. En nombre de la espiritualidad y del principio esencial de la entrega de sí mismo, han abusado de los hombres y de las mujeres que han venido en forma sincera a buscar los consejos de un maestro. Les han explotado en el plano financiero, sexual y emocional. Como consecuencia de estos acontecimientos, muchos de ellos han perdido la fe que tenían en la espiritualidad y en los maestros. Amma, ¿cómo pueden sobreponerse estas personas a semejante pérdida de fe, vencer su miedo y sus sospechas? ¿Cómo podría volver a encenderse su fe en un gurú?"

Amma: "Sólo la presencia de un *Satguru* (de un maestro realizado) puede curar las profundas heridas del corazón provocadas por un falso gurú. Incluso si un pseudo gurú te ha ofendido o perjudicado de muchas maneras, no debes perder la fe ni la esperanza. Amma puede asegurarte que el tiempo y la energía que has consagrado al *sadhana* no han sido en vano. El poder que has adquirido gracias a tus prácticas espirituales siempre está ahí, puesto que, contrariamente a las ganancias materiales, lo que has obtenido como consecuencia del *sadhana* no puede perderse.

"Los sentimientos heridos profundamente arraigados en ti se manifiestan bajo forma de ira, odio, angustia y culpabilidad. Si no se curan tus heridas interiores, estas tendencias negativas no harán más que acumularse e incrementar.

Por desgracia, numerosos buscadores espirituales sinceros han sido profundamente heridos por ese tipo de gurús. Amma comprende lo difícil que debe ser para un *sadhaka* que ha sido maltratado y engañado, confiar en nadie. Sin embargo, la desconfianza total no es la solución. Esto te hará mucho más negativo e incrementará tus temores y angustias. Si un buscador herido encuentra a un *Satguru*, a un ser verdaderamente realizado, la simple presencia, el contacto, la mirada y las palabras de este ser curarán sus llagas interiores, por muy profundas que sean.

"Hijos míos, muchos de vosotros lleváis profundas heridas interiores. Hay mucho dolor en vosotros. Estas lesiones y este sufrimiento dan a los demás poder para heriros de nuevo, una y otra vez. Ni las palabras ni el saber intelectual podrían curaros. Pero el amor incondicional y la compasión que emanan del maestro perfecto tienen poder para ello y os insufla la fuerza necesaria para que ya nadie jamás pueda volver a heriros. Ningún traumatismo psicológico os hará ya vulnerables; nadie, ni ninguna situación, podrán perjudicaros.

Sin embargo, antes de haceros invulnerables a las circunstancias, debéis trabajar para liberaros del dolor acumulado y de los sentimientos heridos. Pero no podéis hacerlo solos. Sois, en cierta forma, enfermos, y no disponéis del conocimiento necesario para comprender vuestra enfermedad y tratarla. Necesitáis un médico competente capaz de penetrar profundamente en vuestra mente para ver claramente vuestros problemas y remediarlos. Un ser dotado de una visión ordinaria es incapaz de hacerlo. Sólo un *Satguru*, cuyo ojo interior está abierto, puede curaros.

Si tenéis el sentimiento de que jamás podréis confiar en nadie a causa de los traumatismos que un falso gurú os ha infligido en el pasado, ¿quién va a salir perdiendo? Sin duda, no el verdadero Maestro, que está dispuesto a ayudaros. Os abandonéis a él o no, nada cambia para él. Establecido en la plenitud absoluta, el *Satguru* no tiene nada que perder ni ganar. No necesita ni la alabanza ni la adoración de nadie. No desea la gloria, ni tampoco tener discípulos. El Maestro es el más rico de todos los seres; todo el universo está contenido en él. Él es el maestro del universo. Su misma presencia crea en la vida del discípulo una sucesión de circunstancias que le llevarán a transformarse. Eso no significa ningún compromiso, y el Maestro no reivindica nada. Si ponéis en él vuestra confianza, os haréis un gran bien. Si no confiáis en él, simplemente os quedaréis tal cual estáis.

Imaginad que pasáis cerca de un jardín exuberante de flores maravillosas. Las contempláis y percibís su belleza y perfume, pero en lugar de deteneros para gozar de este esplendor, pasáis por vuestro camino ignorándolo. ¿Quién pierde? Las flores no tienen nada que perder ni ganar. Vosotros sois los que os habéis perdido un momento que podría haber sido precioso. Sepáis o no apreciarlo, las flores siguen manifestando su belleza. Hacen al mundo la ofrenda de sí mismas, sin el menor deseo de gloria o de adoración.

La fe permanece como tal

"Tú preguntas cómo reavivar la fe de aquellos que la han perdido como consecuencia de experiencias amargas con otros gurús. Hijos míos, es imposible perder completamente la fe. Vuestra confianza en algo o alguien puede desvanecerse, pero la fe permanece como tal.

La mayoría de la gente, incluso después de haber vivido traumatismos tan graves, decide rehacer su vida. Quizás hayan perdido su fe en la espiritualidad y en los maestros espirituales, pero han guardado su fe en la vida. Después de todo, se puede constatar que llevan una existencia normal; trabajan, y muchos de ellos incluso tienen una familia. Todavía creen, pues, en muchas cosas.

Muy poca gente piensa que la espiritualidad constituya una parte importante de la vida. Un número incluso más reducido, la considera como una forma de vivir: la esencia misma de la vida. Las experiencias traumáticas a las cuales te refieres en tu pregunta constituirían un golpe terrible para cualquier persona.

Sin embargo, algunos buscadores tienen la fuerza mental, la fortaleza y la inteligencia espiritual necesarias para sobreponerse a este impacto inicial y a su decepción. Comprenden que el falso gurú no es un verdadero Maestro y que han cometido un error lamentable poniendo su confianza en él. Tras una experiencia tan desesperante, el verdadero buscador tendrá bastante perspicacia espiritual para comprender lo que ha pasado. Abandonará inmediatamente al falso gurú para ponerse en búsqueda de un Maestro perfecto, capaz de conducirle a la realización del Ser.

Un aspirante semejante encontrará, sin duda alguna, a un Maestro, o mejor dicho, el propio Maestro vendrá a él y surgirá en su vida, sin que tenga que emprender la búsqueda. La sinceridad del discípulo y la fuerza de su deseo bastarán para provocar el encuentro. Esto es inevitable.

Para el buscador sincero, la espiritualidad no es un aspecto menor de la vida. Es, por así decirlo, su propia respiración. Su fe es inquebrantable. Nada puede destruir su certeza de que es posible encontrar a Dios, ni tampoco se quebranta su fe en los grandes maestros que están establecidos en este estado de Conciencia divina.

Incluso aquellos que se han visto engañados por un falso gurú y reaccionan alejándose de la vida espiritual, no han perdido completamente la fe. La sed de conocer a Dios y de estar al lado de un verdadero maestro siempre existe en lo más profundo de ellos mismos. Quizá quede oculta durante un tiempo, pero volverá a la superficie en su momento adecuado. Oirán, sin duda, hablar de un *Satguru*, verán su foto, o bien encontrarán a un ser realizado. En esta vida o en otra, han conocido la dicha divina, y el recuerdo de esta experiencia permanece en ellos, preparada para surgir en el momento adecuado.

Si perdéis la fe en los maestros espirituales, es que no creéis que la espiritualidad sea necesaria, y que constituya una parte indispensable de la vida. Pensáis que es posible vivir sin ella. Por supuesto que en cierta medida es posible, pero vuestra vida se verá desprovista de encanto, de riqueza, de gozo y de verdadero sentido.

Imaginad que tenéis una gran pérdida en vuestros negocios. ¿Abandonaríais toda esperanza para quedaros con los brazos cruzados hasta el fin de vuestros días? No, trataríais de reparar los destrozos adoptando métodos más eficaces. Os sobrepondríais a vuestra decepción inicial para volver a empezar. Habría que hacerlo así, ya que se trata de una cuestión de sobrevivencia, de una necesidad muy real. Habiendo encontrado la fe de nuevo, os pondríais una vez más, manos a la obra. Se puede uno preguntar por qué la gente no tiene la misma actitud hacia la espiritualidad y los maestros espirituales, por qué no experimentan la necesidad de continuar con su búsqueda incluso si tienen que afrontar una decepción por el camino. La respuesta es que no consideran la espiritualidad como una necesidad vital. El sentimiento que domina es que si perdemos la fe en los principios espirituales, es posible vivir sin ellos, ya que esto no planteará graves problemas en nuestra vida.

Puede que hayáis creído en la espiritualidad y os hayáis fiado de alguien pensando que se trataba de un verdadero Maestro. Desafortunadamente, habéis vivido malas experiencias que os han hecho perder la fe. Parece que este capítulo de vuestra vida se ha cerrado para siempre. Tarde o temprano, a partir de esta semilla siempre viva, el crecimiento de la espiritualidad se desarrollará de nuevo. Este renacimiento no se producirá más que si os encontráis con un *Satguru*. Él volverá a reavivar la llama de vuestra fe y curará las heridas y los sufrimientos engendrados por las pruebas pasadas.

Hijos míos, si vuestra fe en Dios y en la espiritualidad es sincera e inocente al principio, se reavivará, sin importar aquello por lo que hayáis tenido que pasar.

Amma conoce muy bien a personas que han vivido experiencias amargas con falsos gurús. Su fe ha sido golpeada en sus cimientos, pero la han vuelto a encontrar y tienen el entusiasmo necesario para continuar con su *sadhana*. Ella sabe que éste es el caso de muchos de vosotros. Hijos míos, la fe en Dios y en un *Satguru* es la única vía que lleva al verdadero bienestar y a la plenitud, y que puede transformar vuestra vida en una fiesta ininterrumpida.

Si reflexionaseis en ello, os daríais cuenta que es una forma de prejuicio creer que todos los maestros espirituales son falsos, por el hecho de haber tenido experiencias negativas con una sola persona. Imaginad que vais a una biblioteca, cogéis un libro al azar de una estantería, y ocurre que se trata de una novela de baja calidad. ¿Reaccionaríais saliendo de la biblioteca, diciendo? : "¡Oh no, esta biblioteca no tiene más que libros malos!" Contiene quizá muchos libros buenos, pero vuestro juicio apresurado os ha impedido descubrirlos y beneficiaros de ellos.

O bien vais a una tienda en el mercado para comprar leche, pero por error entráis en una de bebidas alcohólicas. ¿Acaso os subís inmediatamente al coche y os vais, diciendo?: '¡Es horrible, en esta tienda no venden mas que bebidas alcohólicas!' ¿No sería tonta esta reacción? No os apresuréis demasiado pronto al juzgar o al sacar conclusiones. Permaneced tranquilos y pacientes. Utilizad vuestro discernimiento y permaneced abiertos. De lo contrario, desaprovecharéis numerosas ocasiones y experiencias preciosas."

Un Satguru se encuentra más allá de todo vasana

Hubo un corto silencio meditativo. A continuación, alguien hizo otra pregunta.

"Amma, ¿cómo un maestro espiritual, que se supone ha trascendido todos los *vasanas* (los deseos y las tendencias), puede experimentar deseos sexuales?"

Amma: "Un verdadero maestro se encuentra más allá de la mente y del ego. En un ser así, toda la energía sexual se ha transformado en puro *ojas* (energía vital) que utiliza para el bien último del mundo. Un *Satguru* es aquel que ha pasado del centro sexual, el más bajo de la existencia, a *satchitananda*, el centro más elevado.

Todo deseo existe en la mente. Una vez que ésta se ha disuelto, ya no puede haber deseo alguno. En este estado ya no hay huella de deseo. Los llamados gurús que abusan de sus discípulos sexualmente o de otra manera y tratan de imponer sus ideas a los demás, no son verdaderos maestros; nada más lejos de la verdad. Se identifican plenamente con su mente y sus deseos. Un verdadero Maestro ayuda a sus discípulos a sobreponerse a sus *vasanas*. Su meta es ayudarles a desatarse de los placeres transitorios y de los objetos del mundo. El Maestro enseña al discípulo cuya dicha dependía hasta ahora de los objetos del mundo, a hacerse independiente, a encontrar el placer y la plenitud en su propio Ser. Sin embargo, para poder guiar al discípulo de la esclavitud a la libertad, es preciso que el maestro mismo esté totalmente libre de todo *vasana*. Debe estar libre de la identificación con la mente y los deseos. ¿Cómo podría educar al discípulo si él mismo está todavía encadenado a la mente, con sus caprichos y quimeras?

Un *Satguru* vive en el mundo con la intención desinteresada de guiar a los demás a salir de las tinieblas. En palabras y actos, da ejemplo a sus discípulos y devotos sin cesar. Es el testimonio vivo de todas las Escrituras sagradas del mundo. Un Maestro semejante es la encarnación de todas las cualidades divinas, como el amor, la pureza, el sacrificio de sí mismo, la paciencia y el perdón. Los grandes Maestros del pasado nos han descrito claramente cómo debe ser un verdadero Maestro y cuáles son sus cualidades. Es, pues, posible, alejar la duda y no dejarse engañar."

Una vez adquirido, el poder espiritual permanece

Pregunta: "Amma, has dicho que nunca perdemos el poder espiritual adquirido gracias al *sadhana*, ya que siempre queda en nosotros, pero, ¿qué le ocurre a un *sadhaka* que abandona el camino? Si, por ejemplo, deja de repente de practicar la castidad, o si explota de ira, ¿no pierde la energía acumulada?"

Amma: "Hijos míos, cuando sucede una cosa semejante no creáis que habéis perdido todo el poder espiritual que habéis obtenido trabajando duramente. Pero sí creáis un poderoso obstáculo que os impedirá progresar espiritualmente. Esto os añadirá todavía más *vasanas*.

La meta del *sadhana* es reducir los *vasanas* sin añadir ninguno más. Si os encolerizáis, no se destruye el poder que habéis acumulado gracias a vuestro *sadhana*, pero sí añadís tendencias negativas. Creando más negatividad, prolongáis vuestro viaje hacia la realización del Ser, puesto que es necesario entonces hacer un esfuerzo suplementario.

Hijos míos, es inútil perder la fe o desanimarse. La energía espiritual que habéis adquirido gracias al *sadhana* permanece en vosotros. Ni vuestro esfuerzo ni el fruto de vuestras acciones puede destruirse. Si hacéis un sólo segundo de *sadhana*, éste mérito permanecerá para siempre, y no tenéis más que hacer el resto. No perdáis, pues, nunca la esperanza, la fe, ni vuestro entusiasmo.

En la vida mundana pueden producirse dos tipos de desgracias: un fracaso total, o bien un resultado opuesto a lo que esperábamos. En el primer caso, suponed que hayáis cultivado un campo de arroz. Habéis trabajado duro y habéis hecho todo lo necesario para obtener una buena cosecha. Las plantas gozan de buena salud y lográis una rica cosecha. El día anterior a la recolección se desencadena una terrible tormenta y queda toda destruida. Tenéis que volver a empezar a sembrar y a cultivar.

En el segundo caso, suponed que habéis matriculado a vuestro hijo en la universidad. Esperáis que trabaje duro, obtenga unas notas excelentes y apruebe con buenas calificaciones, pero va con malas compañías y se arruinan vuestras esperanzas. Ni siquiera se presenta a los exámenes; al final le suspenden y estropea su vida. De modo que, las cosas pueden evolucionar de una manera completamente contraria a vuestras expectativas. Pero este no es el caso en el ámbito espiritual. Si habéis practicado un solo minuto de *sadhana*, el poder que habéis ganado permanece; es indestructible. Ese minuto quedará arraigado en vosotros y nunca se perderá ni se disolverá, ni siquiera al cabo de varias vidas. Contrariamente al esfuerzo que realizáis para alcanzar metas materiales o mundanas, el *sadhana* espiritual nunca se efectúa en vano. Vuestras acciones darán su fruto.

Si pensáis en Dios o si hacéis vuestro *sadhana* durante un sólo segundo, esto no es tiempo perdido. El mérito quedará presente en vosotros y se acrecentará, como un grano sin germinar, todavía fresco y vivo. Si habéis llamado a Dios con una fe auténtica, abandonandoos a Él, aunque no haya sido más que durante un segundo, recibiréis el mérito de ello. Los momentos en los que hayáis pensado en Dios permanecerán en vosotros y se manifestarán en su momento oportuno.

Hijos míos, quedaos en el coche hasta que hayáis llegado a vuestro destino. Quizá en el camino veáis paisajes magníficos que os tienten. Gozad de ellos si lo deseáis, pero no os bajéis del coche. Jamás olvidéis vuestra meta. Una vez que la hayáis alcanzado, podéis abandonar el vehículo, puesto que entonces vuestro medio de transporte (la fe o la religión) se han vuelto inútiles:

las habéis trascendido. Una vez que hayáis llegado al estado de trascendencia podéis volver si lo deseáis permaneciendo en el mundo para guiar a los demás. Pero no necesitáis volver; podéis simplemente, disolveos en el infinito."

En Taos, Amma se alojó en casa de una señora que tenía un perro Labrador negro y dos loros. A Amma le gustaba jugar con el perro. Como todas las criaturas, el perro se sentía muy atraído por Amma, e iba hacia ella en cuanto la veía. En el jardín, Amma lanzaba un palo y el perro se precipitaba a traerlo agitando la cola con toda su fuerza. Obtenía como recompensa la deliciosa sonrisa de Amma y una caricia afectuosa.

Los dos loros vivían fuera, en una jaula que se encontraba a la entrada de la casa. Cada vez que Amma volvía del *darshan*, se detenía ante la jaula y hablaba a los pájaros dándoles un puñado de cacahuetes para que comieran. Amma los contemplaba con mucha compasión y les decía: "Sé cuánto debéis sufrir por estar en esa jaula, y cómo os gustaría ser libres y volar en el cielo, allí donde está vuestro lugar."

A Amma le resultaba insoportable ver a los pájaros enjaulados. Un día, cuando Amma estaba de visita en la Isla de Reunión, Swami Premananda, originario de la isla y responsable del ashram, le mostró orgullosamente una pequeña pajarera llena de tórtolos que habían regalado al ashram. Pero en lugar de alegrarse por el regalo, a Amma le rompió el corazón ver a las pequeñas criaturas prisioneras en la pajarera, revoloteando de un lado a otro. Dijo a Swami Premananda que nadie, en ninguno de sus ashrams, jamás debería tener pájaros enjaulados. Dijo: "Hijo mío, un sannyasi se caracteriza por experimentar una gran empatía hacia todas las criaturas. Debería sentir el sufrimiento y la pena, no sólo de los seres humanos, sino también de los animales, de los pájaros, de las plantas y de todo en la creación. Estos pajarillos sufren. Su lugar se encuentra en su medio ambiente natural. Nosotros les hemos quitado la libertad, que es tan preciosa para ellos."

Comprendiendo su error, Swami Premananda pidió perdón a Amma y, algunos días más tarde, regaló los pájaros.

Boulder

Ocupaos del presente, no del pasado

Un hombre preguntó a Amma: "¿Puedes hablarme de mi vida pasada?"

Amma le golpeó afectuosamente en el hombro y le dijo: "Lo que hay que resolver es el presente, no el pasado. Lo que pasa ahora es mucho más importante que lo que se produjo en el pasado. Estando atento al momento presente, se resolverán tus preguntas y tus problemas. Es inútil mirar hacia atrás y buscar en tus vidas pasadas. Esto carece de importancia. Todo en tu vida actual es el resultado del pasado. Ocúpate del presente; haz el mejor uso posible de cada instante y todo irá bien.

Ya llevas una carga pesada. Debes librarte de un enorme peso. Descubriendo tus vidas pasadas no harás sino añadir más peso a tu fardo. Amma podría decirte quién eras, pero no lo hará, puesto que no haría más que perjudicarte, y no sería de utilidad alguna. Amma jamás dirá o hará algo que pueda dañar a sus hijos. Su deseo es ayudaros a crecer y a abriros, no a cerraros.

Imagina que Amma te revela el pasado: lo que eras, lo que hacías, etcétera. ¿Y qué sucedería si descubrieses que algunas de las personas con las que ahora te relacionas, o que un ser cercano a ti, te ha hecho mal en una vida anterior? Esto engendraría en tu mente una agitación inútil.

Puede que alguien descubra que su marido o su mujer le ha herido profundamente en el pasado o, todavía peor, que odiaba profundamente a alguien a quien ahora quiere mucho. ¿Por qué rememorar todos esos recuerdos? Sería destructivo. Aunque Amma lo sepa todo sobre tus vidas anteriores, prefiere no develarlo. Habéis venido a Amma para curar las heridas del pasado, no para crear otras nuevas. La única intención del gurú es sacaros de la ciénaga del pasado, no de hundiros en ella. El pasado es la causa de vuestro dolor. El Maestro velará para que no os hundáis de nuevo en el sufrimiento. Quiere llevaros más allá de todo dolor.

Amma conoce una mujer a quien un vidente reveló que ella había provocado la muerte de su marido en una vida anterior equivocándose de medicamento, lo cual le había matado de inmediato. Esta revelación le hizo sufrir terriblemente; acabó por caer en una depresión nerviosa. Si éste es el efecto que el pasado puede tener sobre nosotros, ¿por qué tratar de conocerlo? Por supuesto que el pasado también contiene numerosos acontecimientos agradables, pero las personas tienden a concentrarse en las desgracias y en las penas más que en los momentos felices.

Para que un ser humano se transforme y trascienda sus límites e imperfecciones, su pasado debe morir. Todo el mundo es capaz de ello, con la condición de que tenga la determinación necesaria. Olvida lo que has podido ser o hacer en el pasado. Concéntrate en lo que te gustaría ser. Después, haciendo lo que sea necesario para alcanzar el objetivo, abandona también el futuro. Poco importa quién hayas sido. Se puede comparar el pasado con un cementerio. Sería poco inteligente vivir en un lugar así, ¿verdad? Olvida tu pasado. Cuando sea verdaderamente necesario, recuérdalo, pero no te instales en él.

La historia de Valmiki, el primer poeta, que escribió la gran epopeya del Ramayana es un ejemplo magistral de la manera en la que se puede morir al pasado, por muy malas que hayan podido ser nuestras acciones.

Ratnakaran era un bandido que mantenía a su mujer y a sus hijos desvalijando a los viajeros que atravesaban el bosque donde vivía. Era un hombre cruel que jamás pensaba en Dios, en la moral o en la ética.

Un día, los siete *rishis* (grandes sabios) pasaron por este bosque. Como era costumbre, Ratnakaran apareció ante los viajeros blandiendo su cuchillo y amenazando con matarles si no le daban sus pertenencias. Los *rishis*, que habían realizado el *Atman* inmortal y estaban por siempre establecidos en la Verdad suprema, no se inquietaron por las amenazas del ladrón y permanecieron perfectamente serenos. Le dijeron: 'No tenemos miedo a la muerte. ¡Vamos a darte todo lo que tenemos, pero antes, nos gustaría que nos contestaras una sola pregunta!'

Ratnakaran aceptó su solicitud. Los sabios le preguntaron que les dijera para quien cometía esas horribles acciones. 'Para mi mujer y mis hijos, respondió'. Ellos le preguntaron entonces: '¿Están tu mujer y tus hijos dispuestos a asumir parte de tus pecados?' Ratnakaran no supo qué responder. Decidió ir a preguntar a su mujer y a sus hijos. Los *rishis* le dieron su palabra de que no se moverían, antes de que volviese. El bandido se apresuró, pues, a volver a su casa. Preguntó a su mujer si estaba dispuesta a compartir las consecuencias de las malas acciones que él estaba cometiendo para mantenerla. Ella respondió: '¡No!, ¡tú solo tendrás que soportar los frutos de tus actos!' Ratnakaran se dirigió hacia sus hijos esperando que, al menos ellos, simpatizaran con él. Pero todos ellos rechazaron asumir una parte de sus pecados. Ratnakaran quedó profundamente impactado. Fue corriendo en busca de los *rishis*, que le habían esperado con paciencia, y cayó a sus pies pidiéndoles perdón. Se entregó completamente a ellos. Con mucha compasión, le aconsejaron, le dieron un mantra y le sugirieron que se entregase a hacer austeridades (*tapas*) hasta que hubiera realizado a Dios. Ratnakaran se sentó en el mismo lugar en que se encontraba, en el propio bosque, e inmóvil como una roca, se sumió en meditación. Quedó así durante varios años y se entregó a realizar severas austeridades. Un día, los *rishis* pasaron de nuevo por este bosque y se acordaron de su encuentro con Ratnakaran. Sintieron en la atmósfera una serenidad maravillosa. Descubrieron a Ratnakaran absorto en una profunda meditación, completamente recubierto por un termitero. Se había entregado a realizar intensas austeridades y había alcanzado la realización.

Los *rishis* le despertaron de su estado de absorción y le conminaron a que volviera al mundo y lo santificara con su presencia, sus palabras y sus acciones. Le dieron el nombre de Valmiki porque, en sánscrito, la palabra *valmikam* se refiere a un termitero.

Esta historia nos muestra que es posible librarse del pasado, dejándolo atrás para acceder a un plano de conciencia totalmente diferente. El pasado se sitúa en la mente, pertenece al mundo de los pensamientos y las acciones. Desde el nivel mental es posible elevarse hasta el nivel final, el de la verdad, a condición de poseer la determinación y el desapego necesarios. Mas allá del mundo del pensamiento se accede a un estado sin pensamiento, y en lugar de actuar, os liberáis de toda acción. Se pasa a un estado que trasciende la mente. Más tarde podéis elegir, por compasión, seguir viviendo en el mundo para bendecir a las demás criaturas por su propio bien.

La respuesta negativa de su mujer y de sus hijos bastó para transformar la vida de Ratnakaran, el bandido. Pero más que todo, la gracia y la bendición de los *rishis* le permitieron comprender que la vida que llevaba estaba vacía de sentido y se basaba en un error. Esto le hizo acceder a un nivel de comprensión diferente. Su gracia creó las circunstancias perfectas para permitirle entregarse.

Este breve momento bastó para transformar radicalmente su visión de la vida. Comprendió hasta qué punto las relaciones humanas pueden estar desprovistas de todo sentido, y también entendió el carácter superficial del llamado amor mundano. Se sobrentiende que no es correcto vivir del pillaje, pero él, sin embargo, había trabajado duro, día y noche, arriesgando su vida por su familia. Cuando vio que todos le rechazaban sin misericordia, pensando sólo en sí mismos, sin tener la mínima consideración por él, se le reveló otro mundo. Cuando este mundo se abrió ante él, pudo dejar su fardo de miedos, inquietudes y apegos. Había creído hasta entonces que los miembros de su familia le querían y que le apoyarían en toda circunstancia. Después, les oyó decir que 'no', y que en el momento crucial se alejarían de él. Este 'no', fue una forma de tratamiento de choque que abrió una nueva puerta de la conciencia a través de la cual vio, de repente, la vida de una manera totalmente diferente. Esta nueva comprensión le ayudó a entregarse a Dios, abandonando su mente, su pasado, y quedando en paz. Su terrible pasado había desaparecido y había nacido un hombre nuevo. El hombre cruel y limitado había muerto y había nacido en su lugar un alma nueva llena de compasión.

De la misma manera, todo ser también puede transformarse. La vida de la espiritualidad no está reservada sólo a algunos elegidos: está abierta a todos. Sin embargo, los dos factores esenciales son la gracia y el hecho de estar preparado para entregarse. Cuando ambos factores convergen, se produce una transformación, desaparece el pasado y el futuro, y se halla uno totalmente presente en el corazón y establecido en el Ser."

Amma cantó:

Krishna Krishna Radha Krishna

Krishna Krishna Radha Krishna
Govinda Gopala Venu Krishna
Mohana Krishna Madhusudana Krishna
Mana Mohana Krishna Madhusudana Krishna
Murare Krishna Mukunda Krishna

Cómo reconocer a un verdadero Maestro

Amma daba el *darshan* bajo la cúpula redonda de la Fundación Lama, en las montañas que dominan Taos. Con un devoto en los brazos, sumida en la dicha, cantaba *He Giridhara Gopala*. Todos se unieron al canto en coro, con gran devoción.

He Giridhara Gopala

¡Oh Giridhara!
Tú, que proteges a los rebaños
Bien amado de Lakshmi
Tú, que has matado al demonio Mura
¡Oh dulce niño
Encantador de la mente!

¡Oh, hijo de Nanda!
De magnífica forma
Tú, que te diviertes en Vrindavan
Pequeño interpretador de flauta
¡Oh protector de los sabios!

¡Oh Giridhara!
Tú, que llevas la joya Kaustubha
y un collar de perlas
Tú juegas en el corazón de Radha
y cuidas a los devotos
¡Oh Niño Krishna!

¡Oh protector de los pastores!
Compañero de juego de las Gopis
que levantas la Colina de Govardhana
¡Oh hijo de Nanda!
Ladronzuelo de mantequilla.

Alguien se puso a hablar de la ilusión que reina en el mundo actual, y que falsea la visión de la gente. Amma le escuchó pacientemente, y después añadió: "Sí, hijo mío, es cierto. En nuestra sociedad moderna la gente está casi ciega. No ven las cosas más que desde fuera; han perdido su lucidez. La forma en la que ven y evalúan las cosas es muy superficial. No las perciben como son en realidad. Vivimos en una sociedad cuyo nivel de conciencia es muy bajo; está casi dormido.

Amma ha oído la siguiente historia: un hombre entró un día en una tienda de regalos en busca de un objeto excepcional. Husmeando en la tienda se sorprendió de ver un cráneo humano en una vitrina. El precio le sorprendió aún más: veinticinco mil dólares, pero cuando vio en el escaparate de al lado otro cráneo cuya etiqueta marcaba cincuenta mil dólares, no pudo creer lo que veía. Presa de una gran curiosidad, preguntó al encargado por qué los cráneos eran tan caros. Éste respondió: 'Señor, el cráneo más voluminoso es el del primer soberano de nuestro país. Como se trata de un objeto único y precioso, comprenderá sin duda que el precio sea tan elevado'.

'Sí, sí, lo comprendo', dijo el cliente, 'pero ¿podría explicarme por qué vale mas del doble?' El vendedor respondió con frialdad: '¡Oh, el más pequeño! ¡Bueno, pues también es de nuestro primer rey, pero de cuando era niño! '

'¿De verdad? ¡Es maravilloso! "¡Entonces cogeré aquél!, exclamó el comprador."

Cuando se hubieron disipado las risas, alguien hizo otra pregunta.

"Amma: ¿qué es un verdadero maestro espiritual y cómo se le reconoce?"

Amma: "Para que un buscador pueda reconocer a un verdadero Maestro, le hace falta una determinada comprensión intelectual de la espiritualidad. Por supuesto que uno de los criterios es el amor y atracción que se experimenta por el propio Maestro. Un *Satguru* es irresistible. La gente se ve atraída por él como las limaduras de hierro por un imán poderoso. La relación entre un Maestro y su discípulo es incomparable; no existe nada igual. El efecto en el discípulo es permanente, y una relación semejante nunca resulta nefasta.

Sin embargo, cuando te sientes atraído por un ser que crees que es un Maestro, es muy importante que utilices tu discernimiento. Puedes sentirte atraído espontáneamente por ese ser, pero como todavía no estás establecido en la verdadera sabiduría, no te puedes fiar completamente de tus sentimientos. Quizá los poderes de esta persona te hayan hipnotizado y creas que puede satisfacer tus necesidades y deseos. Mientras que tu intuición no sea una parte real e integrante de tu naturaleza, no puedes tener una confianza absoluta en lo que sientes.

Piensa en todos los impactos psicológicos dolorosos que has recibido en tu vida. Acabas convirtiéndote en una inmensa herida ambulante. ¿Por qué?, pues a causa de tus errores de juicio. No has utilizado tu facultad de discernimiento. Sin duda alguna, el *karma* desempeña aquí un papel, pero recuerda que cualquiera que sea el poder del pasado, es más importante la forma en la que vives el momento presente, puesto que éste es el que va a determinar tu futuro.

Si una persona se enorgullece de ser un gurú, sin estar aún establecido en la conciencia divina, no hará más que perjudicar a la gente con sus pensamientos y sus actos. Puede hablar, caminar y tener la apariencia de un Maestro realizado, pero debes observar si tiene un amor igualitario e incondicional por todos los objetos de la creación, y si manifiesta una verdadera compasión. Si éste no es el caso, entonces debes ser vigilante, porque sin duda todavía está identificado con el ego. Para atraer a los discípulos disimula su ego y actúa con una aparente inocencia, pero una vez que estéis atrapados, os explotará y perjudicará, inflingiendoos profundas heridas interiores.

No os entusiasméis si encontráis a alguien que proclama ser un Maestro realizado, puesto que la gente que hace tales declaraciones puede ser peligrosa. Además, la persona que llega al estado de realización suprema se pierde en el océano de *sat-chit-ananda*. Pierdes tu ser limitado e individual y ya no queda nadie para proclamar o declarar nada. Te fundes en el océano infinito de dicha, y en lugar de hablar de ello, prefieres guardar silencio. Sin embargo, un ser realizado habla motivado por el amor y la compasión que experimenta por la gente, pero nunca dirá: '¡He realizado el Ser!' Os conduciré a Dios si os entregáis a mí!'

Un verdadero Maestro no hará nada en particular para atraer la atención hacia sí mismo, sin embargo, la gente acudirá a él en gran número. El amor, la compasión y la serenidad emanan espontáneamente de él como la lluvia cae de una nube o como el agua fluye en un río burbujeante. Los que tienen sed se verán atraídos por el agua.

Si eres sincero y estás entregado a tu ideal, si tu sed es lo suficientemente intensa, encontrarás al Maestro perfecto y él curará tus heridas. Tu deseo sincero de realizar a Dios te conducirá a un *Satguru*; más bien, él aparecerá en tu vida.

Sin embargo, debéis ser prudentes cuando entréis en la vida espiritual. Hay personas que tienen una forma excelsa de manejar un lenguaje florido y persuasivo, y que no dudan en hacer todo tipo de declaraciones. Examinad atentamente a esas personas y ved si irradian amor divino y paz.

Pero esto que os digo no debe impedir escuchar los discursos espirituales que dan los eruditos. Esto no plantea problema alguno, pero no olvidéis nunca ser prudentes y vigilantes. Observad vuestra mente y vuestras emociones. No os dejéis engañar por falsas proclamaciones ni por falsas promesas. Por esta razón, Amma os dice que es necesario comprender las bases de la espiritualidad, su naturaleza real, y conocer las cualidades que hay que buscar en un verdadero Maestro.

Si veis a alguien que irradia constantemente amor divino y compasión, una profunda paz, y es inconmensurable, alguien que manifiesta por toda la creación una profunda humildad y un profundo respeto, encaminaos pues hacia ese ser. El amor divino no puede limitarse. Alguien que no haya llegado a la meta puede hablar como un ser realizado, pero le es imposible amar como un ser realizado o manifestar la misma compasión.

Sólo una lámpara de aceite cuya mecha arda, puede encender otra. Una lámpara apagada es incapaz. Aquella cuya llama arde, puede encender innumerables lámparas, y su luz no perderá nada de su brillo ni de su poder. De igual forma, sólo un *jivan mukta*, un Maestro realizado, puede despertar la divinidad en vosotros. Él es la lámpara ardiente, capaz de encender tantas llamas como desee, mientras permanece perfecto y completo para siempre.

'Al igual que una lámpara puede encender otra, el gurú otorga el conocimiento de que todo es Brahman, imperceptible, eterno, supremo, sin forma ni atributo'. *Gurú Gita*

Una vez que habéis alcanzado la conciencia divina, estáis llenos de paz y de compasión, ya que ambas cualidades son tan inseparables de la conciencia divina como la luz de la lámpara o el perfume de la flor. La lámpara que arde, brilla; la flor abierta derrama su perfume. De manera semejante, cuando se abre vuestro corazón para dar la flor de la divinidad, la paz y la compasión se vuelven por así decirlo, como vuestra sombra, y nadie puede deshacerse de su sombra. Buscad, pues, a un Maestro que irradie constantemente amor divino, compasión y paz, y que también derrame estas cualidades sobre todos y sobre el conjunto de la creación. Ésta es la naturaleza de un verdadero Maestro".

La encarnación de los valores más nobles

Pregunta: "Amma, algunas personas dicen que un Maestro debe respetar ciertos valores morales y éticos. Otros, tienen una opinión divergente. ¿Tú, qué opinas?"

Amma: "Un verdadero Maestro siempre dará ejemplo a sus discípulos. Es la encarnación de los valores más nobles. Según Amma, un *Satguru*, aunque se encuentre más allá de toda ley y limitación, debe ajustarse estrictamente a los valores morales y éticos. Mientras que un Maestro permanezca en su cuerpo, al servicio de la sociedad, debe respetar ciertos valores morales y éticos fundamentales, puesto que sólo así puede servir de ejemplo al prójimo. Si el gurú declara: "¡Escuchad, yo estoy más allá de todo, de modo que puedo hacer lo que me plazca! ¡Contentaos con obedecerme y haced lo que os diga!", entonces, esto no hará más que perjudicar al discípulo. Una actitud semejante incluso podría provocar la ruina de la sociedad. Un verdadero Maestro jamás hará tales declaraciones, puesto que manifestaría orgullo. Una afirmación semejante implica, en sí misma, que el sentido del 'yo' y del ego, todavía está presente. Un verdadero Maestro es de una humildad excepcional. Su actitud consiste en postrarse ante todo, ante el conjunto de la creación, permitiendo así que la existencia pura le penetre y le posea completamente. Los grandes Maestros no tienen sentido alguno del ego.

Un Maestro auténtico es la encarnación de la humildad. Podéis ver en él la verdadera entrega de sí mismo y la aceptación, y así da un ejemplo real en el cual podéis inspiraos. Sólo en presencia de un alma totalmente entregada a Dios puede el discípulo entregarse espontáneamente y sin esfuerzo, sin tener el menor sentimiento de verse coaccionado. Forzar al discípulo de cualquier manera, sería nocivo y no haría más que entorpecer su desarrollo. La verdadera entrega de sí mismo se produce de forma natural. Se origina un cambio interior. La forma en la que percibe y comprende las cosas, evoluciona, así como la actitud interior con la que actúa. El centro de su vida se desplaza completamente.

Además, un Maestro no daría un buen ejemplo si declarase orgullosamente: 'Soy un alma realizada', o bien: 'Estoy por encima de todo'. Si permanece el más mínimo sentimiento del 'yo', la persona no está realizada. La realización del Ser es la ausencia total del sentimiento del 'yo' y de lo 'mío'. Se puede comparar este estado al cielo sin límites o al espacio abierto. ¿Tiene el espacio sentido alguno de ego? No, en absoluto. Su existencia es una ofrenda al mundo. De forma semejante, un verdadero Maestro, establecido en el Ser, se ofrece a sí mismo al mundo. Todos los grandes maestros del pasado, los santos y los sabios de la antigüedad, fueron ejemplos perfectos de nuestros valores más nobles y elevados.

Hay personas que dicen: '¿Por qué citar o seguir a los antiguos? Después de todo, vivieron hace lustros. La espiritualidad y los maestros espirituales deben cambiar y ser menos rígidos, porque el mundo de hoy es totalmente diferente'. Los que hablan así deberían comprender que no existe más que una sola Verdad. Las personas hablan de ella de diferentes formas, pero la experiencia es la misma. La Verdad ya ha sido descrita. No existe una nueva, y sería infantil pedirla. Es como si un alumno dijese a su maestro en el colegio: 'Todos los profesores nos dicen que tres y tres son seis. Ya estoy harto de oír siempre lo mismo. ¿No podrías darnos una nueva respuesta? ¿Por qué no decir que tres y tres suman otra cantidad diferente?'

Pues bien, esto no es posible. La presentación puede cambiar, pero nadie puede inventar una nueva Verdad para complacernos. Si bien el gurú ya no está identificado con el cuerpo y se encuentra libre de toda debilidad humana, los discípulos no lo están. Están aún identificados con el cuerpo y el ego. Tienen, pues, necesidad de un ejemplo vivo que sea la encarnación de todas las cualidades divinas, de un modelo al cual conformarse. Los discípulos se inspiran gracias al Maestro, de modo que éste concede la mayor importancia a la moral y a la ética. Él mismo, respeta estrictamente estos valores para dar ejemplo e inspirar a los discípulos.

Por supuesto, las costumbres, la ética y la moral de las naciones varía. Sin embargo, existen ciertos principios universales reconocidos desde hace siglos. El de la honestidad, por ejemplo, siempre ha sido válido para todo individuo, no importa de que sociedad o nación se trate. La verdad, la paz, el amor, el servicio desinteresado, el sacrificio de sí mismo y la humildad, son valores universales."

Agua de arroz ambrosíaco

El primer *Devi bhava* de Santa Fe iba a comenzar en el salón de Steve y Cathy Schmidt. Gayatri ofreció a los Schmidt un vaso de kanji, agua de arroz. Amma acababa de beber un poco. Steve y Cathy bebieron cada uno un trago. Sintieron enseguida el efecto del prasad. Steve, según se lo contó más tarde a Amritatma, se sumió de repente en un estado de dicha, olvidando completamente la actividad que había a su alrededor. Cathy reaccionó sentándose en un rincón con los ojos cerrados. Permaneció allí varias horas, sumida en un sentimiento profundo de paz y de alegría, sin percibir el juego divino que se desarrollaba a su alrededor. La casa estaba llena de devotos que habían venido para el *Devi bhava*, pero sus anfitriones estaban ausentes de este mundo por haber probado la ambrosía en forma de agua de arroz. Al principio hubo, pues, mucha confusión porque no había nadie que velase por el buen desarrollo de la recepción. Para Steve y Cathy fue la primera experiencia del poder divino de Amma.

Chicago

El verdadero jnani

Amma daba *darshan* en el templo hindú de Chicago. Cantaba un *bhajan*, mientras que un devoto tenía la cabeza sobre sus rodillas.

Rama nama takaram

El nombre de Rama nos hace atravesar el océano de la transmigración
Nos proporciona prosperidad material y liberación.

Ese nombre encantaba a Sita,
Sostiene el mundo entero,
Adorado y recitado por Shiva y los demás dioses.

¡Rama Hare, Krishna Hare!
¡Canto tu nombre sin descanso!
Para atravesar el océano de la existencia
No tenemos otro medio más que el nombre del Señor.

Una vez hubo acabado el canto, Amma levantó la cabeza del devoto. Parecía emerger de otro mundo. Su rostro expresaba una profunda gratitud. Más tarde, un indio brahmán, un erudito, preguntó a Amma: "Algunos *jnanis* (los que conocen el Ser), no desarrollan actividad alguna. Parecen contentarse con bendecir a la gente sin hacer nada más. Amma, ¿puedes darme una explicación al respecto?"

Amma: "¿Que te hace pensar que las bendiciones (*anugraha*) son insignificantes? El universo entero con todas sus bellezas es una bendición. Una vida humana es una rara bendición. Un *jnani* bendice a la gente proporcionándole paz, alegría y prosperidad. ¿Quién sino él podría hacerlo? Nadie en este mundo puede conceder tales bendiciones, sino es un ser unido a Dios. La gracia de un verdadero santo impregna todos los aspectos de la vida de una persona haciendo que florezcan; la transforma enteramente.

Dices que los *jnanis* no hacen nada, pero, ¿no te estás refiriendo mas bien a una persona sabia, a un erudito, que se denomina a sí mismo *jnani*? Lo mas seguro es que alguien así no pare de decir: 'Yo soy Brahmán', pero un verdadero *jnani* siempre estará activo de alguna manera; su presencia, sus palabras y sus actos son beneficiosos para el mundo. Incluso si no trabaja físicamente, y desde el punto de vista de una persona común, parece no hacer nada, en realidad bendice a la gente con su presencia. Para esto no necesita celebrar ningún *yaga* o *yagna* (sacrificios rituales) puesto que su vida misma es un sacrificio. A través de él fluye la gracia, la gloria y el poder infinito de Dios. En verdad, el verdadero *jnani* es Dios, por ello la gente acude masivamente de forma inevitable hacia él, incluso si trata de aislarse. Por tanto, es imposible juzgar y decir que un *jnani* no hace nada, simplemente por el hecho de que se le vea físicamente inactivo. De una forma u otra, un *jnani* suele dar ejemplo permaneciendo activo en el plano físico. Lo que los seres realizados que parecen no hacer nada dan al mundo, está mas allá de la capacidad de entendimiento de la gente común.

Sri Krishna era un ser perfecto; conocía el Ser. Era de un dinamismo excepcional, constantemente ocupado en diferentes acciones. Sin embargo, aunque Krishna es un ser sin igual, no es más que un ejemplo entre muchas otras grandes almas que han sido modelos de perfección y han hecho al mundo un bien inmenso con sus acciones.

Jivan mukti, la liberación del ciclo de nacimiento y muerte, no es una meta que se alcance tras la muerte; esta experiencia tampoco se obtiene en otro mundo. Se trata de un estado perfecto de conciencia y de ecuanimidad, que es posible vivir aquí y ahora en este mundo, mientras se tiene el cuerpo. Sin embargo, sucede que los Maestros conceden el conocimiento del Ser a algunos de sus discípulos en el momento en que éstos dejan el cuerpo (*videha mukti*). Estas almas benditas, al experimentar la verdad suprema y su unidad con el *Atman*, no tienen que renacer. Se funden en la Conciencia infinita.

Una vez que eres un *jivan mukta*, en el momento de la muerte no tienes la sensación de separarte del cuerpo ni de perder tu identidad, puesto que antes de morir ha cesado tu identificación con el cuerpo. En otras palabras, estás muerto para el cuerpo mientras vives en el mundo. Este estado supremo se denomina *moksha*, la liberación de todos los apegos al cuerpo. Esta meta final debe alcanzarse en esta vida. (Cuando Amma habla del cuerpo, incluye también la mente).

Sólo el *Atman* es el sujeto, el que ve, el Vidente. Todo el resto, es decir, lo visto, es el objeto. *Atma jnana* (conocer el Ser) significa que el *Atman* conoce al *Atman*, que el Ser hace la experiencia del Ser. El Ser no puede conocerse más que mediante el Ser, que permanece en el Ser; sólo él puede tener esta experiencia. Si el *Atman* pudiera conocerse de alguna otra manera, sería un objeto entre otros tantos. Debería entonces existir algo diferente al *Atman* que permitiera percibirlo. Pero no, el *Atman* no puede conocerse o percibirse por nada que no sea él mismo. Sólo el Ser es el verdadero 'Yo', El que todo lo ve, el que vive la experiencia. Las experiencias pasan, pero el que las vive, el sustrato de toda experiencia, permanece inalterable. Nada puede conocer al *Atman* sino el *Atman* mismo; el sujeto que conoce al sujeto. Esto es lo que significa conocer el Ser. Si alguien cree, pues, conocer al Ser, sabed que esto no es posible, puesto que el Ser no es un objeto que pueda conocerse; el Ser es el que conoce al Ser y lo experimenta.

El estado final de conocimiento del Ser no es realmente una experiencia; es, más bien, un estado de conciencia permanente y eterno".

Madison

En Madison, Amma estuvo hospedada en casa de David y Bárbara Lawrence, viejos amigos de Nealu. Ambos tenían una gran devoción por Amma. Más tarde, su hija Rasya se apegó profundamente a Amma y se fue a vivir al centro de San Ramón.

Shraddha

Una tarde, en el momento en que Amma subía al coche para dirigirse al programa, Gayatri, que estaba colocando las pertenencias de Amma en un cesto para llevarlas al coche, se retrasó. Amma fue obligada a esperar, y cuando Gayatri llegó corriendo, Amma la regañó por su falta de *shraddha*.

En el camino, Amma dijo: "Amma no requiere los servicios de nadie, y poco le importa la manera en que te comportes. Un buscador espiritual debe estar atento y vigilante en todas sus acciones. *Shraddha* implica a la vez amor y fe. El que se ve enardecido por el amor y la fe se vuelve vigilante de forma automática, haga lo que haga.

La vida trae experiencias inesperadas. Si no estamos atentos y vigilantes en todo momento, nos será imposible afrontar estas experiencias con audacia. La situación de toda persona es comparable a la de un soldado en el campo de batalla. Imaginad cuan alerta y vigilante un guerrero debe estar en medio del combate. El peligro puede venir de todas direcciones. Si no está extremadamente atento a los acechos, puede costarle la vida. Igualmente, la vida puede, en cualquier momento, enfrentarte a cualquier experiencia. Hace falta mucha *shraddha* para poder dar la bienvenida a estas experiencias y mantener la ecuanimidad en toda circunstancia. Esto es lo que nos enseña la espiritualidad. Para un buscador espiritual no hay nada más importante que *shraddha*. No creas que Amma es puntillosa en detalles nimios.

Sólo trata de ayudarte a desarrollar esta cualidad esencial. Incluso cuando haces la tarea aparentemente más insignificante y pequeña, necesitas *shraddha*."

Más tarde, aquella noche, Amma habló a los *brahmacharis* de Gayatri. Expresó mucha ternura por ella. Dijo: "Amma sabe que Gayatri está triste. Sin duda piensa que Amma está enfadada con ella. Las apariencias pueden hacerla creer esto, pero no hay nada de eso. El corazón de Amma se deshace cuando piensa en la dedicación de Gayatri, en su sinceridad y en la manera extremadamente dura en que trabaja". La voz de Amma vibraba de amor y compasión al pronunciar estas palabras.

En Madison, Amma visitó un hogar para niños disminuidos. Permaneció mucho tiempo con ellos, prestándoles a todos mucha atención, preguntando sobre su estado, sosteniéndolos en sus brazos, acariciándolos, bromeando y jugando con ellos.

Los niños estaban encantados. Como todos los niños, se encariñaron con ella muy pronto, y tenían la sensación de que les pertenecía. En el momento en que Amma se preparaba para partir, una niña que estaba sentada en una silla de ruedas, cogió el sari de Amma. No quería soltarla. Amma la cogió contra sí misma, acariciándole el pelo y dijo: "Hija mía, Amma no se va a ninguna parte. Amma siempre estará contigo. Estará contigo en cada instante". La niña pareció reconfortada. Sonrió alegremente y soltó el sari de Amma.

La paz toma el relevo al sufrimiento

Al partir hacia el programa, Amma invitó al *brahmachari* Rao (Swami Amritatmananda) a subir al coche. La agenda estaba tan ajustada, que no lograba pasar mucho tiempo cerca de Amma, y por ello estaba triste. Amma le habló del dolor y de la alegría.

Amma: "La paz interior aparece siempre en el ámbito del dolor. Para alcanzar el estado donde reina el gozo eterno, primero hay que pasar por el sufrimiento. El dolor al principio, y una dicha duradera al final, es preferible, con mucho, a una dicha inicial seguida de un largo sufrimiento. El dolor es una parte inevitable de la vida. Es imposible encontrar una paz duradera dichosa sin haber experimentado antes de una manera u otra el sufrimiento. Esto es igualmente válido para la vida mundana. Imagina que deseas convertirte en un gran cantante. Si esta es la meta de tu vida, ¿cómo puedes esperar alcanzarla sin seguir de antemano la preparación vocal necesaria? Debes poder dominar las notas, las vibraciones y las variaciones más complejas y más sutiles, pasando sin esfuerzo desde lo más bajo hasta lo más alto de la escala. ¿Cómo sería esto posible sin ejercitar tu voz bajo la dirección atenta de un maestro de canto experimentado? Este entrenamiento es el dolor que debes soportar antes de convertirte en un gran artista. El sufrimiento del comienzo es el *tapas* que debes realizar, el precio que debes pagar por tu dicha. El grado de sufrimiento varía en función de la magnitud de la dicha buscada. La dicha espiritual, siendo con mucho el mayor gozo que se puede experimentar, el grado de austeridad exigido, el precio a pagar por esta dicha, también es el más elevado. Debes consagrar toda tu vida a este fin.

En ciertas regiones de la India, por ejemplo en Tamil Nadu, en la tarde del año nuevo, la gente come la flor del árbol *nim*, que es muy amarga. En el transcurso de otro ritual llamado *ponga* y que se celebra al final del año, el día en que el sol toca el trópico de Capricornio, la gente masca tradicionalmente caña de azúcar. Las fiestas hindúes contienen siempre un gran simbolismo. En estos dos ejemplos, el hecho de mascar la flor del *nim* representa la aceptación de las experiencias amargas de la vida desde el mismo día del nacimiento. La vida incluye numerosas dificultades y desgracias. Aprendamos a aceptarlas e incluso a acogerlas de buen grado, siendo pacientes, entusiastas y optimistas, sin nunca dejarnos llevar por la debilidad o por el desánimo. Solo así progresaremos hacia la verdadera meta de la vida: la dulce dicha y la alegría de la inmortalidad. Esto es lo que simboliza la caña de azúcar que se come a final de año.

En todos los ámbitos de la vida y en toda esfera de acción os espera una u otra forma de dolor. No podéis alcanzar la alegría y la paz, que es el fruto que os reserva soportar el sufrimiento, sin antes haber aceptado el dolor y haberlo trascendido. Aprendiendo a aceptar el sufrimiento encontraréis el verdadero gozo.

Sólo el amor tiene poder para abriros a la conciencia divina. Toda la vida es una escuela de aceptación.

La presencia, el amor y el toque de un alma divina tienen un gran efecto en la gente; vuelve tan receptivas a las personas, que se abren automáticamente.

En el Ramayana hay un incidente que describe cómo la presencia y el simple contacto de una gran alma pueden crear esta receptividad. Este incidente demuestra igualmente cómo la paz interior viene después de una prueba dolorosa.

Se había fijado la fecha de la coronación de Rama. Desgraciadamente, no se llevó a cabo, puesto que en aquel momento, Kaikeyi, la madrastra de Rama, pidió los dos favores que le había prometido su marido, el rey Dasharatha, padre de Rama. Ella exigió que su propio hijo, Bharata, fuese coronado rey en lugar de Rama, y que éste último se exiliase en el bosque durante catorce años. El rey Dasharatha estaba profundamente apegado a Rama. La solicitud de su esposa le trastornó hasta tal punto, que se sumió en la desesperación. Suplicó a la reina que cambiase de parecer, pero ella se obstinó. Su deber de rey y de padre de Rama, encarnación del *dharma* (la justicia divina), era, le dijo ella, mantener su promesa y cumplirla inmediatamente. Dasharatha se hallaba en una situación desesperada, pero Rama, que era Dios en persona, lo aceptó con serenidad. Se fue de buen grado de Ayodhya y partió al bosque para que su hermano subiera al trono. Rama, que estaba desapegado de todo, no manifestó ira ni tampoco frustración alguna. Permaneció fiel a sí mismo, tranquilo y equilibrado.

Por el contrario, Lakshmana, hermano y fiel servidor de Rama, le amaba más que todo en este mundo, y la noticia de su exilio inminente le enfureció. Su ira no conoció límites cuando descubrió que Kaikeyi era la causante. Acusó a su padre de ser injusto y de estar bajo el mando de su madre. Quería que Rama le autorizase a meter a su padre y a Kaikeyi en prisión para que el Reino se convirtiese en patrimonio de Rama.

Deseaba que se coronase a Rama como legítimo rey. Lakshmana estaba furioso. Nadie podía calmarle. Rama no dijo nada y simplemente miró cómo su hermano lloraba y gritaba de ira, desafiando a su padre, hasta que se quedó agotado. Entonces Rama, que hasta entonces no había dicho nada, se acercó a su hermano y lo tocó dulcemente, diciendo: 'Hijo Mío'. No hizo falta nada más. Estas dos palabras y esta caricia tuvieron un efecto inmediato sobre él. Despertaron al niño que yacía en él. Volvió a encontrar la tranquilidad y la calma perfectas, y se desvaneció toda su ira. Tal es el poder de la palabra y el toque de un Maestro realizado. Lakshmana se apaciguó enseguida, y se abrió como un niño ante Rama. Rama le dio entonces unos consejos, una enseñanza espiritual profunda que le llegó hasta el corazón. Hasta entonces no se había acercado a Lakshmana, ni le había dicho palabra alguna. Había esperado pacientemente que su hermano experimentara la ira y el dolor, y después creó una ocasión ideal para instruirle. Si Rama hubiera hablado antes, cuando Lakshmana era presa de la ira, su enseñanza le hubiera entrado por un oido y le hubiera salido por el otro. Rama creó todas las circunstancias, desde el comienzo hasta el final. Si hubiera protestado contra la decisión de su padre, no se hubiera presentado la ocasión de haber actuado correctamente.

Los acontecimientos explicados en el Ramayana tienen, sin duda, múltiples causas; se sitúan en niveles muy diferentes.

Rama es el Poder universal en forma humana. Si hubiese querido, hubiera podido vencer a sus enemigos en un instante y recuperar el reino. Lakshmana explotó de rabia porque Rama aceptó la situación, pero esta reacción ayudó a Lakshmana a agotar toda la energía negativa que dormía en él. Por encima de todo, la gracia que Rama le transmitió con sus palabras y con su contacto, le curó y le purificó, haciéndole apto para recibir la enseñanza espiritual. Sin embargo, antes de que Lakshmana pudiera abrirse, tuvo que experimentar el dolor de la ira y de la desesperanza. La paz y la tranquilidad suceden siempre al dolor y al esfuerzo. Rama, el Maestro perfecto, creó esta situación gracias a su divino *sankalpa* para bien de su hermano y discípulo bien amado.

No obstante, hay que precisar que todas estas circunstancias estaban perfectamente adaptadas a Lakshmana; todo se desarrolló en presencia de su Maestro, que controlaba la situación. De lo contrario, podríais creer que no es necesario controlar la ira o tomar conciencia de su carácter esencialmente negativo. No es bueno explotar de ira cuando estáis irritados, lo cual es, evidentemente, destructivo. Estas circunstancias se produjeron en presencia de Rama por un motivo muy preciso.

Las experiencias aparentemente negativas por las que atravesamos contienen siempre un mensaje divino. Sólo nos falta ir más allá de la superficie para que se nos revele este mensaje, pero, como de costumbre, siempre nos quedamos en la superficie, sin profundizar."

El coche se detuvo ante la entrada de la sala, y Amma salió, rodeada de la muchedumbre que la esperaba. Una sonrisa iluminaba instantáneamente el rostro de aquellos que la veían. Parecían flores de loto que brotasen ante la aparición del sol en el cielo. Una niña bebé sentada en la cadera de su madre, miraba fijamente a Amma. Amma se acercó a ella y la besó, llamándola: "¡Bebé, bebé!" La niña sonrió y tendió los brazos hacia Amma, que la tomó en sus brazos. Llegó hasta la entrada de la sala, donde se detuvo para recibir la tradicional *pada puja*. Un devoto le puso una guirnalda y otro hizo el *arati*. Ella se dirigió luego hacia el estrado, llevando al bebé en sus brazos.

Charleston

Jivan mukti

En Charleston, estado de Virginia, Amma dio el *darshan* en una iglesia no confesional (*iglesia cristiana abierta a otras religiones*). Había sido invitada por el monje que estaba a cargo de la iglesia. Trató a Amma con gran respeto. Antes de los *bhajans*, dijo a la asamblea: "Quizá sea esta la primera vez que Amma viene a América, la primera vez que viene en este cuerpo, es decir..." Hizo una pausa y después continuó: "Pero yo sé que Amma ya ha venido. Ella ha estado conmigo. Se me ha aparecido en una visión incluso antes de que haya oído hablar de ella; en esa experiencia, me anunció que iba a venir a América. Sólo entonces supe de su existencia y de su venida a este país."

En el transcurso de los *bhajans*, Amma arrastró a todo el auditorio a entonar el canto:

Jay jay jay Durga maharani

*¡Gloria, gloria a Durga
la gran Reina!
¡Oh Durga, gran Reina!
¡Concédeme tu visión!*

¡Oh Encantadora del universo!
¡Oh Madre, que reinas sobre los tres mundos!
Tú has dado nacimiento a toda la creación,
Tú, que concedes toda gracia;
¡Oh Durga, gran Reina!,
¡Concédeme tu visión!

¡Oh madre Durga!,
Tú destruyes la ignorancia,
Tú eliminas todo temor y sufrimiento.
Oh Madre, Tú que cabalgas sobre un león,
Tú encarnas todo lo que es favorable.
¡Oh Durga, gran Reina!,
¡Concédeme tu visión!

¡Oh Madre, eres la encarnación de la fe,
de la compasión y del amor!
Sólo tuya es la gran Ilusión,
el poder supremo;
¡Oh Madre Bhavani!
Tú moras en todos los corazones.
¡Oh Durga, gran Reina!,
¡Concédeme tu visión!

¡Gloria, gloria, gloria
a Durga, la gran Reina!

Al comienzo del *darshan*, una mujer que había viajado con Amma vino a recibir su abrazo, y después se sentó no lejos de ella. Había oído hablar a Amma de *jivan mukta* y deseaba saber más sobre el tema. Dijo: "Amma, el otro día hablaste de la liberación final, un estado en el que se libera uno de todo lazo con la mente y con el cuerpo, pudiéndose conocer todo mientras se vive en este mundo.

Dijiste que en este estado, el cuerpo y la mente dejan de existir. ¿Significa esto que el mundo desaparece entonces? Sin cuerpo y sin mente, ¿cómo se puede percibir el mundo?"

Amma: "El estado de *jivan mukti* no significa la desaparición del mundo, éste sigue existiendo. Lo que desaparece es tu concepto erróneo del mundo. Tu mala comprensión engendra las diferencias y la diversidad. En este estado, se disuelven, y ya no contemplas entonces mas que la unidad de todo, por todas partes. Sin embargo, la creación divina sigue existiendo, puesto que no puedes destruir más que lo que tú mismo has construido. En otras palabras, no puedes suprimir más que el ego, que es tu propia creación. Pero éste no es el caso del universo, en el cual nada puedes cambiar.

Tus pensamientos son creación tuya. Cooperando con ellos, haces que sean reales. Retírales tu apoyo, y se disiparán. Observa tus pensamientos sin aceptarlos ni odiarlos, sin juzgarlos buenos o malos. Manténte como un simple espectador y desaparecerán. El mundo exterior no desaparece sólo por contentarse con observarlo, pero si consigues convertirte en un testigo desapegado, se desvanecerá el mundo interior de los pensamientos. Imagínatelo simplemente como un río cuya corriente contemplases permaneciendo en la orilla, sin entrar en él.

Las nubes en el cielo asumen diferentes formas. Pueden tomar la forma de un monstruo, de un carro, de un caballo que alardea o del bello rostro de un dios. Se desplazan y su aspecto cambia sin cesar. A los niños les gusta contemplar este espectáculo. Cuando ven pasar las nubes, a veces creen que las formas son reales, pero un adulto sabe que son ilusorias, que son nubes que se transforman. Los adultos no juzgan, simplemente miran el cielo sin ninguna actitud en particular, sin hacer el mínimo comentario sobre las formas que ven desfilar por el cielo. No dicen: "¡Oh, qué caballo tan bonito!", porque saben que no es más que una nube. De igual forma, los pensamientos son las nubes siempre cambiantes que aparecen en el espacio interior de la mente. Adoptan diversas formas, pero siempre son irreales. Las nubes del cielo no son creación tuya, por tanto no van a desaparecer porque las observes. Por el contrario, las nubes de los pensamientos de tu cielo interior se desvanecen si permaneces contemplando cómo desfilan.

Un león de madera de sándalo es un león real a los ojos de un niño, pero para un adulto no es más que un trozo de madera. El material queda oculto para el niño, que no ve más que el león. Al adulto quizá le guste el león, pero sabe que el animal no es real. Sabe que, en verdad, sólo existe la madera, no el león.

De la misma forma, a los ojos de un *jivan mukta* el universo entero no es nada más que la esencia, la 'madera' de la cual está todo hecho; es Brahman, la Conciencia absoluta.

El universo no desaparece de la visión del *jivan mukta*. Las cosas permanecen como son, nada cambia. El sol no deja de levantarse por el este para aquél que alcanza la realización, pero se produce un cambio interior. Se percibe el mundo en un nivel de conciencia diferente. Para el *jivan mukta*, Dios, la Conciencia pura y única, permanece en todo. Al igual que para un adulto, un león de madera no es más que un pedazo de madera, el *jivan mukta* ve en todo al *Paramatman*, el Ser supremo. El mundo de los nombres y de las formas sigue existiendo, pero el sabio percibe la esencia de todo. No pierdes tu cuerpo al alcanzar el estado de *jivan mukta*. Puedes permanecer en él y seguir funcionando en el mundo, pero has dejado de identificarte con el cuerpo. Te has vuelto un observador, un testigo. Ya no percibes el mundo desde el exterior, sino desde el interior, a partir del centro real de la existencia.

La nuez de coco seca se separa automáticamente de la dura corteza exterior. Permanece en el interior de la corteza sin estar pegado a ella. Lo mismo ocurre en un *jivan mukta*, puesto que en este estado, el cuerpo y el alma se perciben como si estuvieran separados. La ilusión de que el cuerpo es el alma o de que el alma es el cuerpo, se disipa. Desaparecen todos los apegos relacionados con el cuerpo. Cuando los *vasanas* (las tendencias latentes) se han 'secado', la conciencia de que el cuerpo no es el Ser, sino que el Ser es totalmente libre e independiente, se despierta en ti. Para un *jivan mukta*, el Ser es todo, en todo lugar: el *Paramatman* se ha convertido en la creación entera.

Se cuenta, a propósito de Brahma, el creador del universo, una magnífica historia. Se dice que, después de la creación de cada ser vivo, Dios quedó tan enamorado, que entró en todo lo creado y se fundió en ello. Creó un árbol, se enamoró de él y se convirtió en el árbol. Creó un cerdo, lo amó, y se convirtió en él. Creó un ser humano, se enamoró de él y se convirtió en semejante persona. De manera que, entró, pues, en todo ser creado.

Dios ama su creación. Mora en todo; es el Poder único que da la vida. *Jivan mukti* es el estado en el cual se contempla la gloria de Dios, su poder infinito, en toda cosa, no solamente en lo bueno y bello, sino también en lo que es malo y feo. Ves la esencia del mundo, no su superficie exterior. La superficie permanece igual, pero tu ojo interior se abre y permite perforar la corteza para percibir claramente 'Eso', que se encuentra en el interior.

En el *Srimad Bhagavatam*, Prahlad, un niño devoto de *Vishnu*, dijo a su padre, el rey y demonio Hiranyakashipu, que Dios está en todo, ya se trate de una brizna de hierba, de un pilar inanimado, de una hoja seca, de una simple choza, o de un palacio. Hiranyakashipu, a quien la fe de su hijo encolerizaba, mostró con su dedo un pilar grueso que había en el interior del palacio, y gritó: '¿También mora tu Hari en este pilar?' Sin dudarlo un segundo, el niño respondió: 'Sí, también está ahí'. El demonio, fuera de sí, blandió su espada y golpeó la columna. Bajo la violencia del golpe, el pilar se rompió en dos y apareció la forma cruel de

Vishnu: Narasimha (el divino hombre león), en una explosión de Poder cósmico.

Sin la energía suprema nada podría existir. El poder cósmico es el cimiento que sostiene el mundo; sin él, se disolvería en un instante. Es la fuerza constructora final. Esta historia simboliza el carácter omnipresente de la energía suprema que todo lo impregna. *Jivan mukti* es la cima de la existencia humana, un estado en el cual siente uno constantemente la dicha eterna mientras todavía se halla en el cuerpo. En este nivel de conciencia, el cuerpo no es más que una jaula donde mora el alma, y ésta se percibe como si fuera diferente del cuerpo.

¿Habéis oído hablar del Rey Janaka, el padre de Sita Devi, la esposa divina de Rama? El rey Janaka era un *jivan mukta*. Estaba unido al Ser. Sin embargo, no abandonó sus responsabilidades de monarca. Gobernó el país y cumplió con su deber con una perfecta ecuanimidad. Los acontecimientos que se desarrollaron en su vida no le afectaron en absoluto, ya fuesen agradables o desagradables.

En el estado de *jivan mukti*, el mundo sigue existiendo, pero nuestra visión de él cambia totalmente. Llegado a la unión con el Ser supremo, el *jivan mukta* cumple con los deberes que se le han confiado mientras sigue viviendo en el mundo. No se queda ocioso, diciendo: 'Todo es ilusión, por tanto, no hay razón alguna para que yo trabaje'".

Boston

El Avatar

Aquella mañana, un joven preguntó si podía formular una pregunta. Amma le sonrió, y dijo: "Por supuesto. Pero no hagas ninguna pregunta referente a Dios, al *karma* (la teoría de la acción) o *moksha*."

El hombre quedó estupefacto. ¿Cómo hablar de espiritualidad sin referirse a ninguno de estos temas? Viendo su cara asustada, Amma y los devotos se rieron. Amma lo abrazó y le dijo: "Hijo mío, no te preocupes. Puedes hacer la pregunta".

Aunque Amma bromeó conminándole a que no abordase esos tres temas, había en sus palabras un profundo sentido. En efecto, toda pregunta respecto a Dios, el *karma* o *moksha* quedan irremediablemente sin respuesta alguna. Es imposible decir nada, puesto que también resulta imposible comprender esos temas sin haberlos experimentado. Las explicaciones e interpretaciones no hacen más que engendrar otras preguntas. Amma dijo: "Las palabras os inducirán al error. Id más allá de las palabras y entonces sabréis".

Sin embargo, cuando un maestro como Amma nos habla, sus palabras brotan de su experiencia inmediata de la Verdad. Las palabras de un alma realizadas son, pues, la única fuente digna de fe que tenemos sobre estos temas."

Cuando obtuvo permiso para hacer su pregunta, el hombre dijo: "Amma, ¿eres un *avatar*? ¿Eres la madre divina? ¿Eres *adi parashakti* (el Poder supremo)?"

Amma: "Puedes llamar a este cuerpo como quieras. Algunos lo llaman Amma (Madre), otros Devi o Krishna, y otros la consideran como Buda o Cristo. Muchos designan a este cuerpo con el nombre de Amritanandamayi y otros nombres más. Algunos critican a este cuerpo. Amma no se preocupa del nombre que quieras darle. La Verdad, el Ser, permanece eternamente inmutable; nada le afecta. Nadie puede penetrar en el misterio de este Ser puro.

La palabra *avatar* significa en sánscrito 'descender'. La conciencia infinita desciende al mundo tomando una forma humana para elevar a la humanidad y salvarla. Pero eso no sucede más que desde el punto de vista del devoto, porque para la Conciencia infinita no existe espacio en el cual ir y venir. ¿Adónde podría descender o subir lo que es infinito y omnipresente? No existe un sólo centímetro de espacio que no esté repleto de Eso. Las nociones de 'subir' o 'bajar' no existen más que para aquellos que no han experimentado su unidad con la Realidad suprema. Cuando te sumerges en el océano de *sat-chit-ananda*, no se trata ya de ir o de venir.

Se podría decir que cuando un alma llega a la realización, el pote de barro sumergido en el océano se rompe y el agua contenida en el recipiente se mezcla con el agua que está a su alrededor, y no hay más que agua por todas partes. Aquí, el océano representa la conciencia infinita o el *Paramatman*, y el pote de arcilla es el Ser individual. En la etapa final de realización, tu individualidad, la conciencia del cuerpo, desaparece. Te fundes en el infinito y trasciendes todo límite. Pero para un *avatar* nunca ha habido pote de arcilla que romper, puesto que nunca ha sido otra cosa que una unidad con el Supremo.

Los *avatares* viven en medio de los seres humanos y afrontan todas las dificultades de la vida. Constantemente dan ejemplo de amor divino, de compasión, de sacrificio de sí mismos, etc. Estos seres se convierten en una fuente de inspiración para millones de personas en el planeta. Son semejantes a grandes navíos capaces de atravesar a centenares de millones de personas por el océano de la transmigración. Los *avatares* nacen en plena conciencia de la Verdad. Si, a veces, se entregan a realizar severas austeridades, no es más que para dar ejemplo al mundo, como una madre amorosa cuyo hijo sufre de ictericia y debe seguir un régimen estricto. Para ayudar a su hijo, ella seguirá el mismo régimen, puesto que si come delante del niño todos los alimentos prescritos por el médico, la criatura se verá tentada a probarlos.

Si quieres comunicarte con un sordomudo, no puedes hablarle en tu idioma, tienes que utilizar signos para hacer que tu mensaje sea inteligible. Debes ponerte a su nivel. Pero aunque tú te comuniques por señas, no eres sordo. De manera parecida, los *avatares* a veces se someten a duras austeridades, o bien se les ve meditar, pero eso no significa que tengan realmente necesidad de ello. No siguen prácticas espirituales más que para servir de ejemplo a los demás, inspirándolos y elevándolos.

La naturaleza está hecha de ciclos sin fin: el nacimiento, la muerte, y después, de nuevo, el nacimiento. Las estaciones forman un ciclo: la primavera, el verano, el otoño e invierno, y de nuevo, la primavera. La Tierra gira alrededor del Sol según una órbita precisa. Una semilla germina y se convierte en un árbol; el árbol florece y aparecen nuevas semillas. Las eras (*yugas*) también forman un ciclo: el *Satya yuga*, el *Treta yuga*, el *Dwapara yuga*, el *Kali yuga*, y de nuevo, el *Satya yuga*. Antes de esta creación, existía otra creación. Este universo desaparecerá algún día para que aparezca otro universo. Cuando Rama se encarnó, dijo a Hanuman: 'Ha habido innumerables encarnaciones de Rama, no solamente ésta'. Y Krishna dijo a Arjuna: 'Tú y yo hemos nacido numerosas veces juntos. Yo no ignoro nada de todo esto, pero tú no lo sabes'".

Amritatma exclamó: "¡Oh Amma!, me acuerdo que una vez dijiste que todos los que están contigo ahora, ya han estado contigo antes".

Amma: "Sí, todos los hijos de Amma que están con ella ahora, ya la conocían de antes".

Un signo manifiesto

La pregunta: "¿Eres *parashakti*, el Poder supremo?", se asocia con un incidente que le ocurrió a un devoto.

Un joven, de nombre Madhavan, que estudiaba el *tantra* y adoraba a la Madre divina bajo la forma de Sri Lalita Parameshvari, vino a ver a Amma por primera vez. Esperaba en la parte baja de la escalera a que Amma bajase de su habitación. Mientras tanto, pensó: "Si Amma es realmente Sri Lalitambika (un aspecto de la Madre divina Sri Lalita), que es *karpura vitikamoda samakarsi digantara*,[8] tiene que darme un signo incuestionable.

Algunos minutos más tarde, Amma bajó por la escalera. El joven se dio cuenta de que Amma iba mascando algo, lo cual no era habitual.

Cuando llegó al final de la escalera donde se encontraba Madhavan, abrió la boca y mostró con el dedo la mezcla, diciendo: "¡Mira hijo!, es *karpura vitika*. Un devoto le ha dado un poco a Amma".

Madhavan se quedó estupefacto. No pudo haber pedido un signo más claro. De hecho, un devoto de Kottayam, ciudad cercana al ashram, cantaba regularmente el Lalitasahasranama y estaba convencido de que Amma era *adi parashakti*. Él es el que había ofrecido a Amma el *karpura vitika* algunos días antes. Pero Amma no lo había tocado, puesto que no tenía costumbre de mascar este tipo de sustancias. De modo que, aquel día, antes de irse de su habitación, tomó una pizca de esta mezcla y se la puso en la boca. Fue entonces evidente para Madhavan que Amma conocía todos sus pensamientos y que ella era la misma Devi en persona.

Más tarde, alguien hizo otra pregunta: "Amma, dices que ha habido innumerables *avatares* de Krishna y de Rama, pero la tradición nos ha transmitido la historia de la existencia de un sólo Rama y de un sólo Krishna. ¿A qué te refieres exactamente?"

---

[8] "Aquella que saborea las hojas de betel con alcanfor, cuyo perfume atrae a toda la creación", nombre número 26 de la Madre divina en el *Sri Lalita-sahasranama*. *Karpura vitika* es una mezcla de cardamomo, nuez moscada, pimienta negra, jengibre y limón.

Amma: "Incluso hoy, Rama, Krishna y Buda podrían volver, y eso ocurre, pero la gente no tiene ojos para percibirlo. No busques a Rama o a Krishna bajo las mismas formas que en el pasado. Si buscas a Rama con el arco y las flechas, o a Krishna llevando una pluma de pavo real y tocando la flauta, te verás sin duda decepcionado. Dios no es avaro. Él nos colma. Pródigo como es, aparece bajo numerosas formas para bien de la humanidad. Rama, Krishna y Buda aparecen bajo aspectos diversos. Por supuesto que no vas a encontrarlos en este mundo si esperas que tengan exactamente el mismo cuerpo que en la antigüedad, llevando la misma ropa, y si piensas que su juego divino será idéntico a lo que fue en su momento. No, no serán rigurosamente los mismos, pero si experimentas el deseo ardiente de verlos, es posible encontrarlos. Busca el amor divino capaz de amar a todos los seres de manera igualitaria e incondicional, y busca la compasión infinita, la humildad y el sacrificio de sí mismo. Dondequiera que encuentres estas cualidades, estarán presentes Rama y Krishna.

Dios es infinito. Apareció una vez en forma de Rama, y después en forma de Cristo. Esta Conciencia infinita que lo impregna todo con su energía inagotable, ha tomado ahora otra forma.

(Bromeando) La gente se cansa de todo, ¿verdad? Se cansaría incluso de Dios si volviese de nuevo bajo la forma de Rama o Krishna. ¡Sabiendo que los seres humanos se hastían rápidamente, Dios, en su sabiduría infinita, desea divertir a todo el mundo y se manifiesta, pues, bajo diferentes apariencias!

Hijos míos, el recipiente cambia, pero el contenido permanece igual, inmutable. Esto es lo que sucede con un *avatar*. Además, cada Encarnación aparece de acuerdo a las necesidades de la sociedad de la época. Los problemas del mundo actual, las soluciones y su puesta en marcha, son muy diferentes de las que prevalecían en la época de Rama o de Krishna."

Amritatma, que traducía las palabras de Amma, se acordó que algunos meses antes, en la India, Amma había hecho un día referencia a ella misma en medio de una conversación, diciendo: "Los santos y los sabios han hecho duras austeridades (*tapas*) durante muchos años para realizar a Dios. Él está aquí, en medio de vosotros, pero, ¿a cuántas personas les preocupa esto?"

Nueva York

Yo soy tu madre

Durante el primer programa en Nueva York, justo cuando iba a comenzar el *darshan*, Amma señaló a un niño rubio que estaba sentado con su padre en el otro extremo de la habitación, y dijo a Amritatma: "Ese niño no tiene madre. Amma tiene mucho amor y compasión por él". El niño no había recibido todavía el *darshan*, y nadie le había dicho nada a Amma al respecto.

Al cabo de un momento, Amma, jugando, le lanzó a través de la habitación un "chocolate kiss" (en los Estados Unidos, Amma da pequeños chocolates llamados "besos de chocolate", como prasad).

El niño sonrió y se comió el chocolate. Poco después, le lanzó otro, pero a mitad de camino entre ambos. El niño se acercó un poco a Amma para recibir su segunda golosina. Amma repitió el juego algunas veces más, y cuando estuvo lo suficientemente cerca de él, le tendió sus manos y lo tomó. Los dos se pusieron a reír. El niño sintió enseguida un fuerte lazo con Amma.

Su padre, Larry Richmond (Arun), vino al *darshan* y explicó que la madre de Jason, su hijo, había muerto cuando tenía apenas ocho meses. Ahora tenía seis años, y se solía despertar por la noche llorando, preguntando por qué no tenía madre. Amma tomó a Jason en sus brazos y le dijo: "Jason, ¡Yo soy tu madre!" Jason miró a Amma muy sorprendido. Creyó que se refería a que era su madre biológica. Su rostro se iluminó de alegría. Por primera vez en su vida, recibió el amor incondicional de una madre.

Larry contó igualmente a Amma que Jason sufría de epilepsia, que tenía frecuentes ataques y que los medicamentos no le ayudaban nada. Amma dijo a Larry que siguiese tomando los medicamentos. Le dio un trozo de madera de sándalo y le indicó cómo utilizarlo. Siguió las instrucciones al pie de la letra, y Jason jamás tuvo otra crisis.

La humildad de un Satguru

Una tarde, en el transcurso de un *darshan* en la catedral St. John the Divine de Nueva York, alguien preguntó a Amma: "Amma, en California te he oído hablar de la humildad que tiene un verdadero Maestro. Dijiste que un *Satguru* no tenía sentido alguno del ego, y que se postraba ante el conjunto de la creación. ¿Forma la humildad parte integrante de la naturaleza de un Maestro realizado?"

Amma: "Un Maestro se encuentra más allá de todo, pero la humildad siempre será una de las cualidades fundamentales que manifieste. El Maestro es humilde porque percibe que todo es Dios, y adora al Supremo en el conjunto de la creación. Se puede decir, pues, que un *Satguru* siempre está en oración, en adoración. Se postra ante todo, y a cambio, el conjunto de la creación se postra a su vez ante él.

"Ningún cambio interior es posible cerca de una persona egoísta. El *sadhaka* (buscador espiritual) no conocerá transformación alguna, si el sentimiento del 'yo' y lo 'mío' predominan en el maestro. Éstos supuestos gurús no crean a su alrededor más que miedo y angustia, lo que bloquea el camino a toda posibilidad de transformación.

Ha habido en el mundo numerosos reyes crueles y dictadores que no se preocupaban más que de su propio interés. En el transcurso de su reinado, el terror dominaba, y el corazón de la gente estaba cerrado. Pero también ha habido grandes almas que han iluminado la vida de innumerables personas, sin otro medio que su humilde presencia. Al lado de tales seres desaparece toda huella de miedo. El verdadero Maestro está más allá del egoísmo. La verdadera humildad crea una vibración de amor y de compasión que engendra, a su vez, las condiciones necesarias para que se produzca un florecimiento espiritual. Por eso, la atmósfera más favorable para el florecimiento de tu corazón es la presencia de un *Satguru*.

Un Maestro permanece eternamente en el Ser, sin verse afectado por las diferentes experiencias de la vida. Te darás cuenta de que el Maestro es de una humildad y de una simplicidad extremas, que el amor, la compasión y la paciencia que manifiesta son inimaginables, y, sin embargo, no es nada de todo esto, puesto que se encuentra más allá de toda cualidad. Él domina la mente y los sentidos, lo que le otorga la facultad ilimitada de concentrarse en una cualidad divina y manifestarla perfecta y completamente, expresándola de la manera que elija. Sin embargo, un momento después, puede desentenderse, sin verse afectado en absoluto, con un total desapego. Aunque un Maestro sea humilde para dar ejemplo, es imposible juzgar que sea esto o aquello. Sin duda, es humilde, pero al mismo tiempo se encuentra más allá de la humildad.

Un buscador espiritual debe aprender humildad, puesto que esta disposición permite nacer al discípulo que está en él. Sin el despertar de esta cualidad, el Maestro no puede verdaderamente entrar en vuestra vida.

Lo que os conduce al Maestro es el despertar del discípulo en vosotros. Vuestra sed intensa de conocer la Verdad da nacimiento al discípulo interior. El amante que hay en vosotros despierta, y el bien amado aparece entonces. Sin amante, no hay bien amado; sin discípulo, no hay maestro. El Maestro no puede entrar verdaderamente en vuestra vida.

El discípulo, tiene la actitud de un principiante; acepta su ignorancia y es consciente de ella. Esta humildad le hace receptivo al verdadero conocimiento que el maestro le transmite. La humildad es la puerta que hay que franquear para convertirse en un verdadero discípulo. El Maestro mismo da perfecto ejemplo de humildad.

Si duda alguna, Sri Rama tocó los pies de su madrastra Kaikeyi, y pidió que lo bendijese antes de partir al exilio en el bosque durante catorce años. Aunque Kaikeyi fue la responsable de su partida, Rama fue lo suficientemente humilde como para postrarse ante ella con amor y respeto, sin la menor ira y sin el menor deseo de venganza.

Observa el ejemplo de la vida de Sri Krishna. Era perfectamente consciente de su divinidad; sabía quién era. Sin embargo, lavó humildemente los pies de todos los santos y sabios que vinieron a participar en el *rajasuya* organizado por Yudhisthira, el mayor de los hermanos Pandavas. Acordaos también como, justo antes de dejar su forma mortal, concedió *moksha* (el estado de liberación) al cazador que fue el instrumento para poner fin a su vida terrestre. Amma ha oído decir que la noche que precedió a la crucifixión, Cristo lavó los pies de sus apóstoles y los abrazó, sin excluir a Judas, que le había traicionado por treinta denarios de plata".

Una Amma se esconde en cada uno de nosotros

Pregunta: "Amma, esas grandes almas han inspirado y elevado a la humanidad por su sacrificio y el ejemplo de su vida, pero, esos nobles actos ¿tienen un significado 'interior'?"

Amma: "Todo ser humano, incluso si hace alarde de crueldad o egoísmo, tiene la capacidad de alcanzar la iluminación. Esta facultad está latente en cada uno de nosotros. Amma ve a una Amma escondida en cada uno de vosotros. Existe un Krishna, un Rama, un Buda o un Cristo en vosotros. La luz de Dios podría hacerse en vosotros en cualquier momento; sólo espera la ocasión adecuada. Los grandes Maestros ven esta luz oculta que espera revelarse y brotar, rompiendo los muros del ego. Ellos ven en el interior de todos a un futuro Krishna, Rama, Buda o Cristo. Viendo en vosotros a la Madre divina, Amma se postra ante su propio Ser, ante Dios mismo. Esto es lo que siempre han hecho los grandes Maestros. Ven claramente a la Divinidad en vosotros, pero vuestra falta de conciencia os impide entenderlo. Los Maestros pueden ver la luz divina en todos, por ello se postran ante vosotros. Sin la facultad de percibir esta luz en los demás, no podéis ser verdaderamente humildes. La experiencia del Ser es la que os hace humildes de forma natural en toda situación. Cuando veis a Dios en todo, estáis constantemente en adoración. Cuando desaparece el sentimiento del otro, toda vuestra vida se vuelve un acto de adoración, una forma de oración, un canto de alabanza. El 'otro' desaparece y, en su lugar, contempláis en la persona que está ante vosotros, el estado de iluminación latente, el Ser. Experimentáis entonces un profundo respeto por esa persona. En este estado, nada os resulta insignificante; todo tiene un lugar bien definido. Veis brillar la luz divina en una simple brizna de hierba".

Amma en persona es la viva encarnación de lo que enseña. Antes de comenzar el *darshan* se inclina ante todos, y también al final del *Devi bhava*. Acepta las ofrendas que los devotos le traen, llevándoselas a la frente con gran respeto y gratitud, ya se trate de un objeto de valor, de una fruta o de una simple hoja.

¿Quién no ha visto a Amma adorar a sus hijos al final del *Devi bhava* lanzando sobre ellos una lluvia de pétalos? ¿Quién ignora que Amma ha ido a visitar al hombre que había tratado de matarla cuando se estaba muriendo en el hospital? ¿Quién ignora cómo ella misma le ha alimentado con sus propias manos?

Miles de personas han visto a Amma curar a Dattan, el leproso, con su propia saliva. En los primeros años, al final del *Devi bhava*, los devotos formaban un círculo alrededor del pequeño templo, y Amma danzaba entonces tres veces alrededor del mismo, tocando y bendiciendo a las personas ante las cuales pasaba. Dattan esperaba a Amma detrás del templo con dos jarros de agua. Cuando pasaba por tercera vez, se detenía ante él y derramaba el agua sobre su cuerpo, dándole un baño.

Un año, en Seattle, Amma volvió hacia las tres y media de la mañana, después de dar muchas horas de *darshan*. Cuando caminaba por el paseo del jardín para llegar a la casa, de repente dio un salto hacia atrás, diciendo que había pisado algo. Se agachó, y vio que había tocado un caracol con su pie y que estaba ligeramente herido. "¡Oh, no!", exclamó, "¡pobrecillo! Lo recogió y lo mantuvo en la palma de sus manos. Mirando con tristeza al pequeño caracol, dijo: "Dentro de poco, la compañera de esta pobre criatura vendrá en busca suya. Estará muy inquieta y se preguntará qué le ha pasado." Amma miró al caracol unos minutos más. Después, cerró los ojos, se lo llevó a la frente y lo puso suavemente bajo una planta antes de entrar en la casa.

Aunque Amma esté unida a Dios, adora a todo ser de la creación como una manifestación de Dios. ¿Qué ejemplo más noble necesitamos para inspirarnos?

Stamford, Connecticut

El último programa de los Estados Unidos tuvo lugar en una pequeña casa cerca de Stamford, en Connecticut. Amma, dio el *darshan* sentada en una caja de leche puesta al revés, en la cual se había colocado un asana.

Al final del mediodía, meditó cerca de un lago con los devotos. Enjambres de mosquitos agresivos hostigaban al grupo y molestaban a todo el mundo. Era difícil permanecer inmóvil. Sólo Amma permanecía imperturbable. Rodeada de una nube de mosquitos, estaba perfectamente tranquila, absorta en sí misma, con el rostro resplandeciente de serenidad.

Amma siempre está con vosotros

La primera gira de Amma en los Estados Unidos estaba tocando a su fin. La víspera de su partida, se dirigió hacia una joven que estaba en la casa en la que ella estaba alojada y le pregunto: "¿Por qué estás triste?"

"Porque Amma se va", respondió la mujer.

Amma le respondió de inmediato: "¿adónde?"

De Connecticut, Amma fue por carretera hasta el aeropuerto JFK de Nueva York, donde un grupo de devotos, con lágrimas en los ojos, la esperaban para darle la despedida. Antes de pasar por el control de pasaportes, Amma abrazó a todos tiernamente en sus brazos.

Les dijo: "Hijos míos, Amma siempre está con vosotros. Cada vez que penséis en ella, Amma puede ver vuestro rostro con claridad, y sabed que, cuando Amma está en el ashram de la India, cada noche, cuando se recuesta a descansar, se dirige a sus hijos del mundo entero. Los hijos de Amma son sus cisnes, y como una guardiana, Amma vela por ellos y trae a todo cisne perdido bajo su protección. Todos vosotros sois bebés pájaros, y Amma os guarda bajo su ala."

Cuando Amma iba a pasar por la ventanilla de control de pasaportes, varias personas del grupo gritaron: "¡Amma, por favor, vuelve!" Amma los miró con mucho afecto, y dijo: "¡No os inquietéis, hijos míos, Amma volverá!" Los saludó con las palmas juntas por encima de la cabeza, y dijo suavemente en inglés: "My children..."

Habiendo sembrado la semilla de la espiritualidad en el suelo de los Estados Unidos de América y en el corazón de los que habían venido a verla, Amma partió para Europa. Pero su presencia sutil permanecía al lado de sus hijos.

En poco tiempo, Amma había transformado profundamente a la gente y les había cambiado su visión de la vida. No había dado conferencias eruditas ni había pronunciado floridos discursos. Amma había entrado para siempre en sus corazones por un simple e inocente contacto, mediante el amor universal que derrama sobre todos, con su presencia y con su toque.

Aunque hablaba en su idioma materno, el malayalam, la lengua o la nacionalidad no suponían barrera alguna. En sus brazos amantes, la gente desahogaba espontáneamente su corazón. Simplemente, se abrían. Comprendían que cada gesto de Amma es un mensaje divino. Sus ojos y su sonrisa les hablaba y cada una de sus respiraciones parecía aportar algo divino. Todo su ser, silenciosamente, se comunicaba con ellos.

Europa

Amma llegó a París la mañana del 15 de julio 1987. Sarvatma (Jaques Albohair) y algunos otros más, vinieron a darle la bienvenida al aeropuerto. Cuando vieron que se acercaba Amma, los devotos la contemplaron inmóviles y maravillados. No conocían la costumbre india que consiste en poner una guirnalda al gurú. Miraban a Amma con inocencia, sin saber qué hacer. Amma los saludó muy calurosamente, como si fueran niños perdidos desde hacía mucho tiempo. Mientras esperaba que las maletas salieran de la aduana, se sentó en el suelo en un rincón del aeropuerto, y abrazó a todo el mundo. Hizo preguntas a todos respecto a su salud, donde vivían, etcétera. Se puso a su nivel, y les habló de esta manera sólo para romper el hielo y darles una sensación de familiaridad.

Una vez que se organizó el transporte de las maletas, los devotos condujeron a todo el mundo a casa de Cathy y Daniel Demilly en Dourdan, en los alrededores de París. Algunas personas esperaban a Amma en la casa. Amma los abrazó, les habló durante un momento, y después se retiró a su habitación para descansar.

El primer *darshan* tuvo lugar en el comedor, bien entrado el mediodía. Estaban presentes alrededor de unas cuarenta personas. Amma se sentó en el suelo y llamó a los devotos uno a uno. Dedicó de cinco a diez minutos a cada persona, tomándoles en sus brazos, acariciándoles, poniéndoles ceniza sagrada en la frente, dando a cada uno un bombón, hablando y haciendo preguntas. Eran numerosas personas las que derramaban lágrimas en su presencia: hombres y mujeres, jóvenes o viejos. Estaban profundamente emocionados, porque veían que Amma conocía todo sobre ellos, hasta el más mínimo detalle de su vida, de su pasado y futuro, y también todos sus pensamientos. Sin embargo, no había en ella huella alguna de enjuiciamiento, sólo un amor ilimitado e incondicional respecto al cual no había equívoco alguno; un amor más grande que el que jamás habían encontrado anteriormente. Cada uno tenía la sensación de ser el hijo más amado de Amma.

Al final del mediodía, Amma se retiró a su habitación donde recibió a las personas que deseaban hablar con ella en privado.

Al igual que en los Estados Unidos, casi todos los programas de la mañana tuvieron lugar en domicilios particulares, mientras que los de la tarde se desarrollaron en diferentes salas.

París

Afrontar los problemas

En París, un devoto confió a Amma que quería cambiar de trabajo a causa de la situación de estrés al que se veía enfrentado. Dijo: "Amma, me siento impotente y perturbado cuando tengo que enfrentarme a tanta tensión. ¿Qué debo hacer según tu opinión?"

Amma: "Cuando te enfrentas a una situación difícil, la primera reacción es escapar de ella, evitarla y huir. La gente cree que actuando así puede librarse de sus problemas. Pero esto no es cierto. Quizá puedan escaparse durante un momento, pero tarde o temprano resurgirán las mismas dificultades con más fuerza todavía que antes.

Deberíais comprender que las situaciones exteriores no tienen poder para heriros. Sin embargo, cuando la mente interpreta la situación, surge el sufrimiento desde el interior como una pompa. Una situación se convierte en un problema cuando la interpretas de la manera equivocada. El objetivo es no dejar que la mente interprete o comente las situaciones externas. Esto sólo es posible cuando aprendes el arte de convertirte en testigo.

Hijos míos, vuestros problemas no proceden de las circunstancias exteriores; no podéis evitarlas, puesto que forman parte de la vida. Por ejemplo, una espléndida mañana, una señora mayor va a casa de un matrimonio. El marido, al verla, se alegra: '¡Oh, mamá, que contento estoy de verte!' Su esposa, sin embargo, no muestra alegría alguna al ver a su suegra. ¿Cómo se explica esto? ¿Cómo la misma persona puede provocar reacciones diferentes en esos dos seres? ¡No ha hecho más que franquear la puerta! No se trata más que de una situación. Pero para una persona, se vuelve una fuente de alegría, y para la otra una fuente de tristeza. Para una, era un problema, para la otra, todo lo contrario. El objetivo es, pues, no dejar que la mente interprete o comente las situaciones externas. Sin embargo, nuestra mente es tan débil y crítica, que de forma natural somos víctimas de las situaciones, y naufragamos en la ilusión. El problema surge cuando reaccionamos de manera negativa a las situaciones. En otras palabras, la raíz de todos vuestros problemas está en vosotros mismos. Eliminad los pliegues de la mente, allí donde yace la fuente del problema, y entonces estos falsos pliegues exteriores desaparecerán, de forma automática.

Un estudiante vino a ver a Amma: "Amma, he tenido dificultades con mi examen". Amma le preguntó: "¿Dónde está el problema? ¿Acaso han sido las preguntas? No, porque otros estudiantes lo han aprobado con facilidad. La verdadera dificultad ha estado más bien en ti, ya que no has estudiado como era preciso. Lo que para ti ha supuesto un problema, no lo ha sido para los que se han aplicado y han estudiado la materia.

"Mucha gente cuenta a Amma que tienen dificultades con su esposa o su marido, y sin embargo vemos que otras personas consideran buenos amigos a esta esposa o marido. Llegan incluso a considerarlos como hermanos o como padres llenos de amor. Para los Pandavas, Krishna era un buen amigo, mientras que los Kauravas lo consideraban como un enemigo . De forma similar, aquellos que creían en Jesús veían en él a su amigo bien amado y su salvador, mientras que para otros era una amenaza. ¿Se podría decir que el problema radicaba en Jesús o en Krishna? No, el problema estaba, más bien, en los Kauravas y en los que dudaban de Jesús.

En Occidente, la gente se relaciona amistosamente durante mucho tiempo, después llegan a apreciarse, se casan y tienen hijos. Son felices durante algún tiempo, pero pronto surgen las dificultades. Aparecen conflictos provocados por el miedo y la ira. Como ambos cónyuges desean escapar de esa situación, y huir de ella, acaban por separarse. Después del divorcio viven un momento de recuerdos dulces o amargos, pero pronto se ponen a relacionarse con otra persona, y vuelve a empezar el mismo ciclo de experiencias. Pensad lo frecuente que es esto. La gente se insulta o critica los defectos y las debilidades de la otra persona. No tienen conciencia de que el problema está en ellos.

Podéis alejaros hoy de una persona y correr de un matrimonio a otro esperando por fin haber dejado vuestros problemas de lado, pero poco después volveréis a encontrar a la misma persona, es decir, a otra que tiene las mismas debilidades y el mismo nivel de conciencia, pero en un envoltorio distinto y en una situación diferente. Quizá, incluso sea peor. Ha cambiado la apariencia exterior, pero no el contenido, es decir, el nivel de conciencia dentro del envoltorio. Y es que vosotros no habéis cambiado. El nivel de conciencia de los compañeros que elegís es, pues, el mismo. Sólo es diferente en su apariencia externa.

A menos que vuestra conciencia cambie considerablemente, y en consecuencia vuestra actitud, jamás se resolverán vuestros problemas. Seguirán manifestándose por todas partes, y os molestarán sin cesar. Vuestra mente seguirá persuadiéndoos para que huyáis de la situación, engañándoos con falsas promesas sobre el porvenir.

Si modificamos la idea falsa, pero que, por lo general está muy extendida de que el origen de los problemas se encuentra en las circunstancias externas, podréis sobreponeros a vuestras dificultades de una vez por todas. Tenéis que comprender que estas dificultades residen en vuestra mente. Una vez que hayáis tomado conciencia de ello, podréis comenzar a remediar vuestra debilidad interior. La meditación es el método empleado para lograr este objetivo. Sólo el silencio interior, la tranquilidad y el reposo que obtenéis a través de la meditación, podrán ayudaros."

A petición de Amma, los *brahmacharis* cantaron a continuación este *bhajan*:

Shakti Mahadevi

Saludos a Shakti, la gran diosa
que se alcanza gracias a la devoción.
Saludos a la Simiente,
la Verdad única,
la Conciencia infinita y perfecta.

¡Oh Loto divino!
Tú, ojo izquierdo de Shiva,
Tú, que concedes los deseos,
Soberana del universo.
Brillas en el corazón de todo,
¡Protégeme!

Tú eres la diosa de los seres celestiales,
Tú les proteges del sufrimiento,
Tú, que eres pura,
Tú proteges incluso al Señor del océano de leche.

El Creador hace su trabajo
a causa de tu mirada.
Te saludamos a ti que has emanado de Brahma
bajo la forma de Sarasvati,

la semilla del universo entero.

La creación, preservación y destrucción
se efectúan bajo tu orden
¡Oh Tú, que destruyes el ego de ocho rostros!,
Tú, que te complaces en el sonido de la vina,
cuando te encolerizas, también te gusta la sangre.

Tú eres el Veda,
el Absoluto,
moras en todo ser vivo,
eres la liberación final.

El optimismo

Una tarde, una señora vino al *darshan* y dijo a Amma que había perdido casi toda esperanza en la vida. Amma le respondió: "¡Hija mía!, mientras puedas tener confianza en Dios, ¿por qué abandonar? Puede que llegues a pensar que se te han cerrado todas las puertas y que no hay salida, pero si miras atentamente, verás que hay muchas otras puertas abiertas de par en par. Sólo te concentras en las que se han cerrado, y no en las que están abiertas.

"Dios y la vida son una sola y la misma cosa. Eres hija de Dios. Él jamás cerrará todas las puertas ante ti. Su amor infinito y su compasión no le permitirían ser tan cruel. Dios siempre guarda más de una puerta abierta. Puede parecer que están cerradas, pero en realidad se han quedado ligeramente entreabiertas. Basta con golpear un poco para que cedan. Pero la ignorancia nos ciega, y no vemos las puertas abiertas a través de las cuales la gracia de Dios se derrama sobre nosotros.

Hija mía, no pierdas jamás el valor, ni tampoco la confianza en Dios ni en la vida. Permanece siempre optimista, sea cual fuere la situación en la que te encuentres. Es muy importante ser optimista. El pesimismo es una forma de tinieblas, una forma de ignorancia que impide que la luz de Dios se derrame en tu vida. El pesimismo es como una maldición, una maldición ilusoria creada por la mente también ilusoria. La vida está llena de la luz de Dios, pero no podemos experimentarla más que siendo optimista.

Contempla el optimismo de la naturaleza. Nada puede detenerla. Cada aspecto de la naturaleza aporta infatigablemente su contribución a la vida. La participación de un pajarillo, de un animal, de un árbol o de una flor, es siempre completa. Cualquiera que sean las dificultades, lo siguen intentando con todo su corazón. Sólo los seres humanos son pesimistas, y esto engendra sufrimiento.

Amma ha oído la siguiente historia: un fabricante de calzado envió a dos representantes a una isla lejana donde no vivían más que seres primitivos. Tenían como misión examinar las posibilidades de venta en esta isla. Poco tiempo después, uno de los vendedores envió un mensaje a la empresa en los siguientes términos: '¡Aquí la gente no sabe siquiera lo que es el calzado! ¡No lo usan! La situación no ofrece expectativas. Regreso de inmediato'. El otro representante, envió poco después el siguiente mensaje: 'Estos primitivos no llevan calzado. Lo ignoran todo. Existe, pues, una gran perspectiva de mercado: ¡cien por cien de oportunidades! Enviadme el primer pedido'.

Amma sabe que no es siempre fácil ser optimista. Os preguntaréis, quizá, como es posible ser optimista frente a las dificultades y a los pesares de la vida. Es difícil, ciertamente, pero siendo pesimistas os sumís cada vez más en la desesperanza y en las tinieblas. Vuestra fuerza mental y lucidez se debilitan, y en las tinieblas del pesimismo os sentís abandonados y solos. El optimismo es la luz de Dios. Es una forma de gracia que os permite ser más receptivos y tener una visión más clara de la vida".

La paciencia y el entusiasmo

Una mujer que se encontraba desde hacía bastante tiempo en el sendero espiritual dijo a Amma: "Amma, practico la meditación desde 1973, pero no veo progreso alguno. A veces estoy tan decepcionada, que dejo de hacer mi *sadhana*. ¿Puedes, por favor, darme un consejo?"

Amma sonrió y preguntó: "¿No has hecho ningún progreso en absoluto?"

La mujer respondió: "Bueno, en realidad sí he progresado algo".

"¿Qué tipo de progreso has hecho?, ¿puedes hablarme de él?", le preguntó Amma.

"Voy a tratar de hacerlo". La mujer reflexionó un momento. "Antes era muy susceptible, muy vulnerable. Pero desde que empecé a meditar y a hacer otras prácticas espirituales, pienso que he adquirido más valor y confianza en mí misma".

"Cuando dices que piensas, hija, ¿significa eso que no estás muy segura?".

La mujer se quedó un poco aturdida, y dijo: "¡Parece que estás haciendo una encuesta!"

Amma se rió y replicó: "Sí, Amma explora y examina tu foro interno. Ella trata de extraer lo antiguo para crear lo nuevo".

Amma miró a la mujer con mucho amor. La tomó en sus brazos y la abrazó con afecto.

"Hija mía, un buscador espiritual debe poseer mucha paciencia y entusiasmo. Algunos son pacientes, pero les falta entusiasmo; otros tienen entusiasmo pero carecen de paciencia. Sólo un perfecto equilibrio entre ambos ayudará al buscador a profundizar en su experiencia.

Mira los jóvenes; tienen entusiasmo para emprender pero no tienen paciencia para reflexionar antes de actuar. La paciencia es la que abre la puerta del discernimiento. Los jóvenes, en su entusiasmo parcial, tienden a precipitarse a la acción omitiendo la reflexión previa necesaria. Sus sentidos son fuertes y sanos, y su mente egoísta los lleva hacia la exaltación y la aventura, pero su falta de paciencia y de discernimiento los sume a menudo en dificultades.

Contrariamente, las personas mayores de sesenta años, suelen ser muy pacientes, pero les falta entusiasmo. La vida les ha enseñado a ser pacientes, a actuar con más discernimiento, y están más inclinadas a la reflexión, pero no tienen el entusiasmo necesario para actuar. No son tan entusiastas como los adolescentes, puesto que se les han debilitado los sentidos, ha disminuido su fuerza y no experimentan ya excitación alguna ante la vida.

Mira un bebé que intenta ponerse de pie y andar. Se cae innumerables veces y fracasan todos sus intentos de lograrlo. Se hace daño en la rodilla, se golpea la cabeza contra el suelo y llora, pero trata obstinadamente de levantarse y andar, hasta que por fin lo consigue. Aunque el niño fracase, no una, sino numerosas veces, es, a la vez, paciente y entusiasta. Estas cualidades son las que le permiten finalmente tener éxito.

Otro aspecto importante es el ánimo que el niño recibe constantemente de su madre. Felizmente para él, su madre le anima sin cesar con palabras de apoyo, insuflándole fuerza y valor. En cuanto se cae, allí están las manos amantes de su madre para ponerlo de pie. Le da un beso y lo acaricia diciendo: "No llores. No es nada. Mamá está aquí". Le vuelve a poner en el suelo y le anima a que lo intente de nuevo. Esto sucede innumerables veces antes de que el niño sea finalmente capaz de mantenerse sobre sus propias piernas y andar con paso firme.

Las palabras de apoyo y ánimo de la madre, y sus caricias apaciguadoras ayudan al niño a desarrollarse. Su amor da a la criatura la fuerza interior que necesita. De igual forma, un *sadhaka* necesita la paciencia y el entusiasmo de un niño, pero por encima de todo requiere la presencia amante y el ánimo del *Satguru* para guiarle hasta la meta. Esta presencia es la que le ayuda a mostrarse paciente y optimista en aquellos momentos de frustración en los que pierde la esperanza y piensa en abandonar el *sadhana*.

Hijos míos, vuestros *vasanas* son extremadamente fuertes y están profundamente arraigados. Intentarán sin cesar haceros caer, pero no perdáis nunca la esperanza. Tened determinación y avanzad.

Imaginad que alguien se hubiese quedado sentado en una habitación oscura durante mucho tiempo, y un día sale a la luz del sol. Al principio, a la persona le resultará difícil habituarse a la luz. Necesitará tiempo para que los ojos se adapten a ella. De manera semejante, hemos vivido en este mundo creyendo que éramos el cuerpo. Nos hemos identificado con él hasta el punto de que nos resulta muy difícil romper esta identificación, ahora que nos esforzamos por ello. Estamos tan habituados a las tinieblas de nuestra ignorancia, que nos resulta laborioso salir de ellas para ver la luz de Dios.

La fuerza de nuestros *vasanas* y hábitos inmemoriales es tal, que no podemos liberarnos fácilmente de su embate. En cuanto viene la ocasión, los *vasanas* se manifiestan automáticamente. Amma va a contaros una historia.

Había una vez dos niños: un hermano y una hermana. Un día, jugaron a disfrazarse y se adornaron con coronas de papel. Fingieron ser el rey y la reina de un país imaginario. Fueron a llamar a casa de la vecina. '¿Quién es?', preguntó la señora. 'Somos el rey y la reina', respondieron los niños. La vecina decidió formar parte de su juego. Abrió la puerta de par en par y dijo: '¡Sus Majestades! ¡Qué gran honor! Si hubiese sabido que vendríais, hubiese puesto la alfombra roja y hubiese hecho sonar las trompetas'. 'No importa', dijeron los niños, 'déjenos simplemente entrar y dénos algo de comer'. La mujer les hizo entrar y les dio dos sillas. 'Majestades, dígnense tomar asiento en estos tronos', dijo. El 'rey' y la 'reina' se sentaron con mucha dignidad. La vecina les trajo galletas que ella misma había hecho, y también leche. 'Aquí tienen unas golosinas reales', dijo la señora. El rey y la reina asintieron con un movimiento de cabeza. Las galletas eran muy bonitas: tenían forma de diversos animales. Había muchos osos, gatos, peces, patos y corderos, pero sólo había un elefante. Y como no había más que una galleta en forma de elefante, el rey y reina trataron de apoderarse de ella. La reina fue más rápida, provocando la cólera del rey. Acto seguido, éste derramó la leche sobre la reina, quien a su vez cogió un puñado de galletas y se las lanzó al rey. No tardaron en bombardearse galletas, y después saltaron de su trono y se dieron una buena paliza. Se les cayeron las coronas y se arrancaron la ropa. Ya no eran el rey ni la reina del país, sino dos niños que se peleaban por una galleta.

Sólo una práctica constante efectuada con mucha paciencia y entusiasmo os permitirá sobreponeros a vuestras tendencias latentes y a vuestros viejos hábitos. Pero, por encima de todo, necesitáis la gracia y la guía amante de un *Satguru*. No abandonéis jamás vuestras prácticas espirituales por causa de un momento de frustración o decepción. Cualquiera que sea la forma de *sadhana* que sigáis, el resultado no será en vano. Lo que hayáis obtenido, permanecerá en vosotros y dará fruto en su momento oportuno."

Amma cerró los ojos y se sumió en meditación. Al cabo de un momento, abrió los ojos y se puso a cantar.

Karunalaye devi

¡Oh diosa!
Morada de compasión,
Tú, que concedes todos nuestros deseos!,

¡Oh Katyayani, Gauri, Shambhavi, Shankari![9]

¡Oh, Madre querida!,
Esencia de Om,
adoras el sonido Om.
¡Oh Madre, cuando oyes el mantra "Om Shakti"
acudes solícita!
¡Oh Poder supremo de la Ilusión universal!

Tú eres la causa de la creación,
de la preservación y de la destrucción del universo.
¡Oh Madre, todo eres Tú!,

Tú eres todo,
no existe nada diferente de ti,
Tú eres todo,
No existe nada más que Tú.
¡Oh Madre!, este implorante no tiene otro apoyo
que Tú, Ser de toda dicha
¡Oh Ser de dicha eterna, concédeme tu gracia.

Zurich

Aquí y ahora

En Zurich, Amma se alojó en casa de Heidi Fürer, donde tuvo lugar el primer programa. Heidi había venido a ver a Amma al ashram en 1981.

Aunque era verano, hacía frío en Zurich. Los *brahmacharis* y los indios que viajaban con el grupo no estaban acostumbrados a estas temperaturas. Llevaban chalecos y gorros, pero esto apenas

---

[9] Nombres de la Madre divina.

les calentaba. Tenían tanto frío, que les resultaba difícil salir de su saco de dormir por la mañana.

En el transcurso del primer programa, un joven hizo a Amma la siguiente pregunta: "La mayoría de los maestros espirituales dicen a sus discípulos que olviden el pasado y el futuro y que vivan en el momento presente. Enseñan diversas técnicas que permiten a la gente llegar a vivir en el instante presente. Desdichadamente, nosotros, la mayoría de las veces estamos atrapados en el pasado y nos inquietamos sin cesar del futuro. ¿Cómo es posible que seres ordinarios, que nos preguntamos constantemente cómo vamos a poder pagar las facturas, los seguros, el alquiler, la mensualidad de la casa y cómo financiar los estudios de nuestros hijos, dejemos de inquietarnos por las necesidades fundamentales de la vida, y al mismo tiempo podamos permanecer en una paz perfecta? ¿No es acaso la inquietud por el futuro lo que empuja a una persona a trabajar, a ganar dinero y a asegurarse de que sus necesidades queden satisfechas cumpliendo correctamente con sus deberes? ¿No son acaso las experiencias pasadas las que nos incitan a ser prudentes y a tener cuidado para no repetir los mismos errores? En estas circunstancias, ¿cómo puede vivir alguien en el momento presente, olvidando completamente el pasado y el futuro?"

Amma: "La forma en la que describes las inquietudes de la mayoría de la gente, es perfectamente justa. Nadie puede negar la realidad de las inquietudes diarias que tiene un ser humano común. Las experiencias pasadas sin duda ayudan a una persona a modelar su futuro. También es cierto que los sueños que alimenta sobre su futuro le empujan a trabajar para realizarlos. Sin embargo, la verdadera pregunta sigue siendo la siguiente: ¿Acaso cuándo se echa de menos el pasado o cuando se preocupa uno por el futuro, se saca algún resultado positivo? Puedes planificar tu futuro en función de las experiencias y las lecciones del pasado, pero es inútil morar en el pasado o en el futuro.

Puedes prever lo que vas a cenar, pero no mientras preparas el almuerzo. No pienses en la cantidad de sal que vas a poner en la cena echando sal a la sopa que estás preparando ahora. Y no te lamentes por no haber tomado la sopa de ayer. Concéntrate simplemente en la que ahora tienes en el fuego. ¿Quieres que sea buena y sana, verdad? Entonces sé vigilante y consciente del momento presente.

La enseñanza que consiste en vivir en el momento presente puede considerarse bajo dos aspectos diferentes: el de una persona común, que tiene responsabilidades profesionales, sociales y familiares, y el de un *sadhaka*, que no quiere nada más que realizar a Dios.

Para una persona común, que debe asumir responsabilidades en el mundo, es imposible olvidar completamente el pasado y el futuro, y tampoco es necesario. Sin embargo, incluso en su mismo caso, no podrá cumplir correctamente con sus deberes en el presente si el pasado y el futuro interfieren en exceso. Una acción siempre se desarrolla en el momento presente. Para poder cumplirla correctamente, utilizando todo tu talento y capacidad, debes concentrarte totalmente en el trabajo que estás haciendo ahora. Dar vueltas a las cosas o pensar en otro asunto, estropea el trabajo. Antes de comenzar, reflexiona en los errores cometidos o en los fracasos que has tenido en el pasado, y prepara tu mente para realizar el trabajo que ahora vas a emprender. Debes hacer tus cálculos antes de comenzar. Pero una vez que el trabajo ha comenzado, debes consagrar a él toda tu atención. Mientras tanto, si necesitas recordar algo, detente y acude al almacén del pasado para buscar lo que necesitas. Después, sácalo y continúa con lo que estás haciendo, poniendo todo tu corazón y toda tu alma, pero no permanezcas en tus recuerdos, en tu pasado. Para poder expresarte plenamente, tienes que estar presente en el instante presente. Mira el ejemplo de un pintor que intenta capturar la belleza de un paisaje. Si está pensando en su bien amada mientras pinta, su obra será mediocre puesto que su corazón no está allí completamente. Su concentración está dividida.

Una mujer, de camino al mercado, llevaba en la cabeza un cesto con huevos. Mientras iba andando se puso a pensar: 'Conseguiré un buen precio por estos huevos. Con el dinero, podré comprar algunas gallinas más. Darán tantos huevos que pronto tendré medios para adquirir una vaca que producirá tanta cantidad de leche, que podré rápidamente comprarme varias vacas más. Con el dinero de la venta de la leche compraré una granja. Su beneficio me hará tan rica que podré comprarme una buena casa, y al ser tan rica, numerosos pretendientes se interesarán por mí. Cuando me encuentre con ellos por la calle, me contornearé y caminaré así...' Y según se puso a mover las caderas, se le cayó el cesto de la cabeza y se rompieron todos los huevos.

Los seres humanos tienen una tendencia muy fuerte a soñar con el futuro y a ponerse a volar con las alas de la imaginación. Los sueños pertenecen al futuro. Soñar puede volverte inactivo e incompetente. Para eso no se necesita esfuerzo alguno; si no tienes nada más que hacer, puedes quedarte sentado y soñar que vas a la Luna, que te casas con una bella princesa y que ganas a tu enemigo. La naturaleza de la mente es vagar por el pasado y soñar con el futuro. Incluso una persona activa y que por lo general tiene éxito, puede muy bien quedar atrapada en las garras del pasado y del futuro. La gente ignora cuánta energía desperdicia dejándose arrastrar por este tipo de pensamientos. Cometéis una grave falta si seguís pensando en el pasado o en el futuro cuando estáis ocupados en una determinada actividad. Puede que estéis muy dotados para esa tarea y tengáis éxito, pero cuando os sumís en una ensoñación semejante, matáis la mitad de vuestro talento, en lugar de utilizar la totalidad de vuestras facultades. Para funcionar plenamente, para que vuestras acciones sean perfectas y completas, tenéis que aprender a vivir en el momento presente. Entonces, todas vuestras disposiciones se manifestarán en vuestras acciones diarias.

Aquellos que no desean nada más que realizar a Dios, no se inquietan por el pasado ni por el futuro. Quieren permanecer en el instante presente, pues ahí se encuentra Dios; ahí se goza de la paz perfecta y de la dicha. Estando en el instante presente, es posible lograr la tranquilidad y quietud interior perfectas. El pasado y el futuro son movimientos de la mente. La mente va del pasado al futuro para volver una vez más hacia atrás, como un péndulo que oscila de un lado a otro. Se descubre el verdadero centro de resistencia cuando el péndulo de la mente se detiene. Y la mente alcanza un estado de tranquilidad cuando reposa en el momento presente. Esta inmovilidad, este centro, es lo que busca un verdadero *sadhaka*, y por ello no se inquieta ni por el pasado ni por el futuro. Se concentra en lo que está 'aquí y ahora'. Esto es lo que se llama recordar a Dios; esto no es posible más que con la condición de abandonar el pasado y cesar de soñar con el futuro. Entonces, el péndulo de la mente deja de oscilar, se alcanza un punto de inmovilidad y moras en la calma perfecta del momento presente."

Schweibenalp

Amma pasó nueve días en Schweibenalp, en los Alpes suizos. La gente había venido de toda Europa para estar con ella. Muchos padres habían llevado a sus hijos. La pequeña sala preparada para el *darshan* de Amma, estaba repleta. Los participantes estaban alegres y entusiastas, muchos de ellos cantaban y bailaban en presencia de Amma como si estuviesen en el séptimo cielo. Como eran originarios de toda Europa, los satsangs (discursos espirituales) de Amma se traducían al inglés, francés y alemán. Hacía todavía más frío en los Alpes que en Zurich. Los *brahmacharis* y los devotos indios se paseaban tiritando, con gorros de lana y varios jerseys gruesos.

Los milagros

Durante el *darshan* de la mañana hubo varias preguntas.

"Amma, ¿podrías decirnos algo respecto a los milagros? ¿Qué es exactamente un milagro?"

Amma: "Los milagros, por lo general, se suelen atribuir a los seres divinos. La creencia extendida normalmente es que sólo un ser divino puede hacer milagros, y que éstos son propios de la naturaleza de un alma semejante. La gente llega a creer incluso que si alguien no hace milagros, no puede ser una gran alma, y lo cierto es que puede estar realizada. Pero en presencia de los verdaderos Mahatmas, se puede dar o no lo que nosotros llamamos un milagro, puesto que a ellos apenas les interesa este tipo de asuntos. No tienen nada que ganar ni perder haciendo milagros. No se preocupan ni de la gloria, ni de la fama; no desean complacer o disgustar a nadie. Si estas cualidades llegan, les parece bien, en caso contrario, permanecen asimismo inalterables.

Sin embargo, en nuestros días, la fe de la gente se basa en los milagros que hace un Maestro realizado o un ser divino. Desgraciadamente, existen también los seudogurús cuya sola intención es explotar y dominar a los demás; les gusta atraer la atención de la gente haciendo todo tipo de milagros en público.

Dominar la mente significa dominar el universo. Toda la creación está compuesta de cinco elementos: tierra, agua, fuego, aire y éter. Una vez que hayáis realizado a Dios, todos los elementos están bajo vuestro control. Se convierten en vuestros sirvientes obedientes. Si deseáis transformar un objeto en una montaña, se convertirá en una montaña. Si deseáis crear otro mundo, también esto es posible. Pero para ello no es necesario alcanzar el aspecto último de la realización, podéis lograr estos poderes antes de llegar a ese estado.

Cuando seáis capaces de concentraros de manera total sobre ciertos aspectos de los cinco elementos, llegando a mantener esa concentración, y separando el objeto de vuestra concentración de su esencia interior, conoceréis la esencia de todo y lo dominaréis. Desarrollaréis *siddhis* (poderes sobrenaturales) gracias a los cuales podréis, por ejemplo, leer los pensamientos, ver y oír acontecimientos a distancia, materializar objetos, conocer el pasado y el futuro, entender cualquier idioma, incluido el de los animales, o volveros ligeros como una pluma, pesados como una montaña, o bien os desplazaréis por el espacio sin importar a qué velocidad o distancia.

Las epopeyas de la India cuentan la historia de un santo llamado Vishvamitra. Antes de convertirse en un sabio, Vishvamitra era rey. Un día, fue al bosque para hacer una batida de caza acompañado de un gran número de soldados. Cuando hubo terminado la caza, estaban todos agotados y necesitaban descansar. El rey se acordó que el gran sabio Vashishta tenía una ermita no lejos de allí, y condujo hasta ella a sus soldados. Vashishta poseía una vaca divina llamada Nandini, capaz de conceder todos los deseos del sabio. Cuando el rey Vishvamitra llegó a la ermita con su ejército, Vashishta consiguió, en un abrir y cerrar de ojos, servirles un gran festín con ayuda de la vaca que satisfacía los deseos. Vishvamitra quedó maravillado por los poderes de Nandini. Pensó que una criatura tan preciosa debería pertenecer al soberano del país, es decir, a él mismo, y no a un sabio que había renunciado al mundo, y que, por tanto, no necesitaba nada. Transmitió sus pensamientos al sabio, quien le permitió de inmediato coger la vaca. Pero cuando el monarca trató de llevársela, el animal protestó. Nandini rechazó moverse un sólo centímetro. Todos los esfuerzos del rey para conducirla hasta el palacio fracasaron.

Éste, furioso, intentó arrastrar por la fuerza a la vaca con ayuda de sus soldados. Pero Nandini replicó creando millones de soldados armados que salían de su cuerpo. En la batalla que siguió a esto, los soldados de Nandini vencieron al ejército del rey. Comprendiendo que la vaca tenía los poderes del sabio, el monarca, fuera de sí, buscó entonces combatir a Vashishta. Empezó a lanzarle flechas y poderosos misiles. Pero el sabio permaneció impasible. Con una sonrisa radiante, permaneció de pie, firmemente plantado en el suelo, blandiendo su yogadanda (el bastón de un yogi). No había en la mente de Vashishta ningún sentimiento de enemistad, cólera u odio alguno, puesto que se trataba de un verdadero sabio que había trascendido el ego y todos sus sentimientos negativos. Todas las armas poderosas que el rey le lanzó, fueron ineficaces frente a su simple bastón de madera. Vishvamitra pronto quedó vencido y desarmado. Fue profundamente humillado por ello. Tomó conciencia de que, aunque era el soberano más poderoso de su época, su poder militar y todas sus armas no eran nada ante un gran sabio como Vashishta, que poseía un inmenso poder espiritual adquirido gracias a intensas austeridades (*tapas*). El rey volvió al palacio ardiendo de rabia. Abdicó y se retiró al bosque para entregarse a una severa austeridad. La única meta de sus *tapas* era vengarse del sabio.

La historia cuenta que Vishvamitra practicó severas austeridades, y después volvió al mundo para tomar la revancha a Vashishta. Pero todos sus intentos fueron en vano. Practicó de nuevo *tapas*, intensificando sus prácticas después de cada nuevo fracaso. Sin jamás dejarse desanimar, se entregó simplemente a una austeridad más intensa. Desarrolló de esta manera tales *siddhis* (poderes yóguicos) que incluso llegó a crear otro paraíso: un mundo de placeres efímeros, para desafiar a Vashishta. Vishvamitra realizó numerosos prodigios, pero su ira obsesiva hacia el sabio, y el hecho de que no dejaba de hacer milagros, creaban numerosos obstáculos en su camino.

Sin embargo, su actitud acabó por cambiar, y llegó finalmente a la realización. Pero esto sólo se produjo después de que se hubo liberado de todo sentido del ego, de toda ira y de haber trascendido los sentimientos mezquinos del 'yo' y de 'lo mío'. Tuvo primeramente que abandonar sus ideas de revancha contra el sabio y aprender a amar a todos los seres de manera igualitaria; tuvo que dejar de utilizar sus poderes con idea de dañar al prójimo y emplearlos para el bien de todos y para beneficio del mundo entero.

Esta historia consta de dos aspectos. El primero, nos muestra a Vashishta como un sabio auténtico. Era un Maestro realizado. Incluso aunque tenía a su disposición todos los poderes divinos, carecía de ego. No experimentaba sentimiento hostil alguno hacia Vishvamitra, que se esforzaba sin cesar por atacarle y humillarle. En verdad, la epopeya dice, incluso, que Vashishta, a pesar de los insultos que le lanzaba Vishvamitra, alabó varias veces la grandeza y la determinación de éste.

Al principio existía una gran diferencia entre estos dos hombres. Mientras que Vashishta mantenía un equilibrio mental perfecto en toda circunstancia, Vishvamitra, a pesar de todas sus hazañas, se consumía de odio en su interior. Vishvamitra se entregó a rigurosas austeridades y adquirió inmensos poderes espirituales. Podía efectuar milagros fantásticos, pero perdía así todo el poder que había adquirido mediante sus austeridades. Estaba, también, en un estado de agitación constante, atormentado por sus ideas de venganza contra Vashishta. Por tanto, le fue necesario mucho tiempo, a pesar de la intensidad de sus austeridades, para llegar a la liberación final. Vashishta, por el contrario, se encontraba en un estado constante de dicha y serenidad. Aunque sólo usara sus poderes divinos cuando era necesario, no perdía nada haciéndolo. Vashishta era *purnam*, es decir, que había alcanzado el estado de plenitud. Era uno con el poder cósmico. Su poder espiritual era inagotable y no tenía ego.

Nandini, la vaca divina capaz de colmar todos los deseos, representa la prosperidad material (*ashtaishvarayas*). Esto significa que el mundo entero, incluidas todas sus riquezas, está al servicio de aquel que ha llegado a la realización, pero como ahora se encuentra uno más allá de todo deseo, se emplea esta fortuna para beneficio y progreso de toda la sociedad.

Incluso si una persona posee poderes milagrosos, mientras se halle bajo el embate del ego y del sentimiento del 'yo' y lo 'mío', estos poderes son inútiles, puesto que su naturaleza fundamental permanece inalterable y es incapaz de cambiar o transformar cualquier cosa. Un ser así no puede guiar a nadie hacia la Divinidad. Aquel que utiliza mal sus poderes es, por fuerza, destructor y dañino para la sociedad. Utilizando sus poderes para infringir las leyes de la naturaleza, forja el camino de su propia destrucción. En verdad, haciendo milagros se trastornan las leyes de la naturaleza. Sin duda, un alma realizada tiene libertad de actuar así, puesto que está unida al poder cósmico, pero no lo hace más que si resulta absolutamente necesario, prefiriendo abstenerse tanto como sea posible.

Los *rishis* (los videntes de los tiempos védicos), percibieron los mantras, - las vibraciones divinas puras que representan los principios esenciales del universo -, mientras se hallaban en estado supremo de meditación, y su espíritu estaba en perfecta armonía con la energía universal. Los *rishis* son los que han revelado estas leyes al mundo para el progreso de la sociedad y el bien de la humanidad.

El gobierno de un país, con ayuda de especialistas, redacta la constitución, y después los gobernantes deben ellos mismos respetar las reglas y las leyes que han creado.

De igual manera, para dar ejemplo, los *rishis* deben respetar los principios esenciales que nos han revelado, sin transgredirlos ni infringirlos. Las epopeyas de la India tales como el Ramayana, el Mahabharata y el Srimad Bhagavatam, relatan la historia de numerosos reyes, demonios, semidioses y seudomaestros que tenían grandes poderes, pero que sólo eran capaces de dañar a los demás. No eran seres realizados, pues todavía eran prisioneros de su ego, aunque poseían ciertos poderes ocultos que no hacían más que inflar su ego y llevarlos a su propia perdición; se convirtieron en una maldición para la humanidad. Ellos mismos conocieron la desgracia y perecieron. Por otra parte, alguien puede poseer poderes sobrenaturales sin estar necesariamente realizado.

La espiritualidad no está hecha para alimentar al ego, sino por el contrario, para liberarnos de él; nos enseña a ir más allá de él. Cualquier persona puede desarrollar poderes ocultos realizando ciertas prácticas descritas en las Escrituras, pero la verdadera realización espiritual está más allá de este tipo de cosas. Es un estado en el que te ves libre de todo lazo con el cuerpo, la mente y el intelecto. Es la experiencia interior de la Verdad. Una vez que se ha alcanzado este objetivo final, resulta imposible experimentar ningún sentimiento como la ira, el odio o el deseo de venganza. En este estado de conciencia te bañas en el amor divino y en la paz, cualquiera que sean las circunstancias exteriores. Allá donde estés, derramas sobre todos este amor y esta paz. Tu amor, tu compasión y tu serenidad transforman a los seres. Un ser iluminado puede transformar un ser humano ignorante en sabio, un mortal en inmortal y un ser común en el mismo Dios. Ese es el verdadero milagro que se produce en presencia de un Mahatma.

Trascendiendo el ego te haces uno con el universo. Te conviertes en algo tan vasto como él. Te sumerges en sus misterios más íntimos para penetrar en la Realidad final. Te conviertes en el maestro del universo.

En presencia de un Maestro pueden producirse milagros espontáneamente; es una manifestación natural de su ser. Cuando un ser realizado hace un *sankalpa* (una resolución), dará su fruto; es inevitable. Su pensamiento se manifestará indudablemente. Si lo desea puede transformar cualquier objeto en lo que quiera."

Pregunta: "Amma, has dicho que los *rishis* habían visto los mantras. ¿Qué significa eso? ¿No han creado los mantras?"

Amma: "No, los mantras siempre han existido. Son los principios eternos. No tienen comienzo ni fin. No han sido creados, ni tampoco serán destruidos algún día. Por ello se dice que los Vedas no tienen ni comienzo ni fin. Nadie los ha creado. El texto impreso no ha existido siempre, pero las vibraciones divinas o los mantras que componen los Vedas han existido en toda época. Simplemente nos los han revelado los *rishis*. Cuando se dice que han 'visto', significa que han experimentado los Vedas en su corazón, ya que todo su ser vibra al unísono del punto más elevado de la existencia. Tuvieron la experiencia de lo que ya estaba ahí, de modo que no han creado los Vedas (*mantra kartha*[10]); es más justo decir que los han visto o que los han experimentado (*mantra drishta*[11]).

Cuando los astronautas anduvieron por la Luna, no descubrieron un nuevo planeta; nos han revelado lo que ya existía. Han visto la Luna y han experimentado el hecho de estar en ese planeta; después, mediante la palabra y la imagen, nos han transmitido lo que vieron. Lo mismo puede aplicarse a los mantras."

---

[10] *Mantra kartha* = el creador o el autor del *mantra*. La palabra sánscrita *karta* significa el hacedor o el autor. Los rishis no son *mantra karthas*.

[11] *Mantra drishta* = aquel que percibe un *mantra*. La palabra *drishta* designa a aquel que ve o percibe. Deriva de la raíz "*drish*", que significa ver. Esto implica que los *mantras* siempre han existido en el plano sutil y que los *rishis* los han descubierto, los han percibido. Los *rishis* son, pues, *mantra drishta*.

Los *brahmacharis* cantaron *Radhe Govinda Gopi Gopala*, y Amma dirigió el canto.

Radhe Govinda Gopi Gopala

¡Oh bien amado de Radha!
Señor de las vacas
Pastorcillo de las gopis,
Señor de las vacas
Pastorcillo,
Salutaciones al hijo de Nanda.
¡Oh Amado de Radha!
Señor de las vacas,
Pastorcillo de las gopis

Señor de Mirabai,
Pastorcillo que toca la flauta,
Que levantó la Colina de Govardhana.
Niño Gopala,
¡Oh, Amado de Radha!
Señor de las vacas,
Pastorcillo de las gopis.

¿Son importantes los milagros?

Pregunta: "Amma ¿hay que aceptar los milagros o son, más bien, obstáculos en el camino espiritual?"

Amma: "Los milagros pueden ayudar a una persona común inspirándole fe en un Poder supremo, pero una fe fundamentada solo en los milagros se pierde fácilmente si éstos no se producen de nuevo. Y supón que Dios o una gran alma unida a Dios, que es omnipresente, omnipotente y omnisciente, decide no cumplir el milagro esperado. Eso puede ocurrir, puesto que un Mahatma no debe nada a nadie, ni tiene nada que ganar haciendo milagros. Poco importa a Dios o a un gran santo que se crea o no en él. No necesita de nuestra fe ni de nuestros servicios. Nosotros somos los que necesitamos de su gracia, pero sólo la logramos mediante la fe.

Un maestro perfecto no espera nada de nosotros, ni tampoco necesita nada, puesto que él es plenitud. Nosotros necesitamos su gracia para elevarnos y purificarnos. Nuestra fe no debería reposar únicamente en los milagros. La fe por sí misma y el amor por sí mismo, son el camino más saludable y sabio.

Nuestra fe debe arraigar tanto en el corazón como en el intelecto. Para el verdadero *sadhaka*, la devoción y el conocimiento intelectual son ambos necesarios, a menos que, por supuesto, experimentemos el amor ardiente de las Gopis de Vrindavan, y que tengamos su fe absoluta y su entrega total. Su amor, que al principio era ciego, evolucionó para convertirse en *tatvattile bhakti* (la devoción fundada en los principios esenciales de la espiritualidad), es decir, de la *bhakti* que se basa en *jnana*.

Tenemos que experimentar amor y respeto hacia Dios o hacia un Maestro espiritual perfecto; amor que procede del corazón y respeto engendrado por nuestra comprensión de la naturaleza omnipresente, omnipotente y omnisciente del Maestro. Sólo así sacaremos todo el beneficio de su presencia. La unión del amor y del conocimiento nos permite recibir plenamente la gracia de Dios o del gurú. Pero no podemos experimentar la dicha interior de la presencia de Dios o de un verdadero Maestro si sólo nos interesan los milagros.

Las personas que tienen muchos deseos tienden a conceder demasiada importancia a los milagros. Su fe es superficial. Un gran número de milagros no hará más que multiplicar aún más los deseos de la mente de esas personas, y engendrarán sufrimiento y pesar.

La verdadera espiritualidad consiste en trascender todo deseo, en trascender la mente y sus pensamientos. A esto aspira un verdadero *sadhaka*. Un verdadero buscador nunca estará satisfecho antes de haber alcanzado el estado que se halla más allá de la mente, y los milagros no van a ayudar en este sentido. Constituyen más bien un obstáculo, porque alguien que se apega mucho a ellos, permanece bloqueado desde el punto de vista mental y también por las exigencias de estimulación que requiere la mente. Evidentemente que esto no supone el estado supremo.

En el transcurso de la búsqueda espiritual, mientras el buscador avanza en su *sadhana*, puede que desarrolle la capacidad de obrar prodigios. Aquel cuyo deseo no es muy ardiente, quizá se deje atrapar por tales actitudes, pero el buscador sincero, que desea verdaderamente encontrar la Verdad, los ignora y trasciende.

La gente considera como milagro únicamente el hecho de materializar objetos o curar enfermedades. Esto se trata, indudablemente, de una forma de milagro. Pero el mayor prodigio es la transformación interior que se produce en un ser. Los hombres no se dan cuenta de que el verdadero milagro es abrir su corazón a la Verdad única. Si simplemente abrieran su corazón, descubrirían el verdadero prodigio, verían que la gracia siempre está ahí, incluso, es más, se darían cuenta de que ellos mismos son Dios, y que a cada momento se están produciendo milagros.

Todo en la naturaleza es un prodigio maravilloso. Un pajarillo que vuela en un vasto cielo, ¿no es acaso un milagro? Un pez minúsculo que nada en las profundidades del océano, ¿no es un milagro? ¡Desgraciadamente, la gente considera que un pez debe volar por el cielo para que el fenómeno sea maravilloso!

La verdadera espiritualidad y la verdadera religión no tienen gran cosa que ver con hacer milagros. El número de prodigios que lleva a cabo una persona tampoco es un criterio que permita medir su divinidad. La verdadera espiritualidad es el amor inconmensurable y la paz interior que el Maestro transmite al prójimo. Se manifiesta por un amor puro y una ecuanimidad perfecta. Sólo el amor puede realizar una transformación real. La unión armoniosa del amor desinteresado y del conocimiento puro destruye todo malentendido respecto a la espiritualidad."

En el regazo de Amma

Amma llamó a los devotos uno a uno. Un hombre vino al *darshan* y mientras tenía la cabeza sobre sus rodillas, Amma se puso a cantar:

Sri Krishna sharanam mama

Sri Krishna es mi refugio,
Sri Hari es mi refugio,
Me postro ante Sri Krishna
cuya naturaleza es Ser-Conciencia-Dicha
que es causa de la creación, preservación y disolución del
universo y que destruye las tres formas de sufrimiento.

No conozco otra realidad que Sri Krishna.
Él, que sostiene una flauta en la mano.
Es bello como una nube de lluvia,
viste ropajes amarillos,
sus labios son rojos como el fruto del aruna bimba,
su rostro posee la belleza de la luna llena
y sus ojos tienen la forma alargada de los pétalos de Loto.

Sri Krishna, ¡qué dulce es tu nombre!
¡Oh Hijo de Nanda!, ¡qué dulce es tu nombre!
¡Oh luna de Vrindavan!,
Sri Krishna es el nombre que te es querido,
Todos estos nombres te son queridos.

¡Gloria a Radha Govinda!
¡Gloria a Radha Gopal!
¡Govinda, Govinda Goparipal (protector de las vacas)!
Algunos dicen que eres el Hijo de Vasudeva,
otros te llaman Hijo de Nanda.
En las riberas del río Yamuna
el niño Krishna interpreta dulces melodías,
Sri Krishna es un nombre que te es querido,
Aquel a quien le gusta danzar, es un nombre que te es
querido.
El Protector de los sabios es un nombre que te es querido.

Amma entró de repente en éxtasis y siguió cantando durante diez minutos en este estado de arrobamiento. Repetía sin cesar el estribillo del canto: Sri Krishna sharanam mama, Sri Krishna sharanam mama... Al final del canto se hallaba en un éxtasis muy profundo que duró unos diez minutos más. Cuando por fin Amma abrió los ojos, el devoto que había recibido su *darshan* durante todo este tiempo todavía se hallaba arrodillado ante ella con la cabeza sobre sus rodillas. Ella le golpeó suavemente el hombro para señalarle que ya era hora de que se levantase, pero él no se movió. Se lo dijo de nuevo, sin conseguirlo. Amma le dijo: "Hijo, levántate". Pero no hubo reacción alguna. Amma fue un poco más enérgica, le levantó la cabeza y le dijo más alto: "¡Hijo!" Esta vez, se levantó de un salto. Parecía que acaba de venir de otro mundo. Se frotaba los ojos mirando alrededor de sí, un poco perdido. Creyendo comprender lo que había pasado, todo el mundo se rió con ganas, pensado que se había dormido en las rodillas de Amma. Ella también estalló de risa. Pero poco después, viendo su expresión inocente y confusa, le cogió de la mano, le hizo sentarse en el suelo cerca de su silla, y con afecto, le puso de nuevo la cabeza sobre sus rodillas. Las risas se calmaron, el hombre se sentó, y Amma siguió dando el *darshan*.

Mientras la siguiente persona recibía el *darshan*, Amma dijo: "¡Estaba en estado de dicha!"

Sólo algunas personas se dieron cuenta de lo que realmente había pasado. Mientras el devoto tenía la cabeza sobre el regazo de Amma, ella se había puesto a cantar. Al cabo de un minuto o dos, de repente tuvo la sensación de que el regazo de Amma crecía; cuanto más crecía, la dicha que experimentaba más ganaba en profundidad e intensidad. Finalmente, tenía la sensación de nadar en un océano de dicha. Amma fue la que lo sacó de ese estado de fusión.

Austria

Dejad pasar primero a los demás

Desde Suiza, Amma tomó el tren para Austria, donde una señora llamada Christine Essen había organizado dos programas: uno en Graz y otro en St. Polten, una pequeña ciudad situada entre Viena y Linz. El segundo programa era un retiro. Austria era la última etapa de la gira.

En el tren, los *brahmacharis* tuvieron ocasión de pasar un tiempo a solas con Amma. En el transcurso de la conversación, les dijo: "La gente pregunta por qué tienen que pasar pruebas tan duras; por qué ellos, entre todos los demás seres, deben soportar el sufrimiento. '¿Por qué yo?', preguntan. La desgracia de los demás les resulta indiferente, aparentemente. 'Que otro sufra, mientras no sea yo', esa es su actitud. Cambiemos esto y deseemos, por el contrario, sinceramente, que nadie en el mundo sea preso del dolor. No pensemos: '¿Por qué yo?', sino más bien: '¿Por qué otro debe sufrir?' Dejad pasar primero a los demás".

Amma ha oído la historia siguiente:

'Un niño contemplaba, maravillado, una determinada casa que acababan de construir. En aquel momento un joven salió de ella. El niño le preguntó: '¿A quién pertenece esta magnífica casa?' 'Es mía', respondió el joven. 'Tengo un hermano muy rico que la ha hecho construir para mí'. Al oír estas palabras, el niño exclamó: '¡Oh, si...!', y dio un profundo suspiro. El hombre adivinó fácilmente lo que el niño trataba de decir: '¡Si yo tuviera un hermano así!' Pero cuando el niño acabó su frase, el joven se quedó sorprendido de oír: '¡Si yo fuera un hermano así!'

Hijos míos, gracias a una disposición interior semejante, encontraremos la alegría. ¿Por qué alguien debe sufrir en este mundo? Si vuestro corazón es lo suficientemente bueno para dar preferencia a los demás sobre vosotros mismos, encontraréis la paz y la alegría. Pero para esto tenéis que abandonar el egoísmo y seguir la vía del servicio desinteresado.

La gente tiende a desear siempre más y más. Jamás están satisfechos con lo que poseen. Por el contrario, deberíamos aprender a dar y a compartir, sin nunca contentarnos con recibir.

Deberíamos compartirlo todo con los demás y esforzarnos por contribuir al bienestar de la sociedad, de una u otra manera. Dando, es cómo progresaremos en la vida espiritual. Si amasamos cosas se bloqueará nuestro crecimiento espiritual y nuestra vida se marchitará lentamente. El corazón bombea la sangre y la hace circular distribuyéndola de igual manera por todo el cuerpo. ¿Que pasaría si se detuviese nuestra circulación? Nos desvaneceríamos y moriríamos. De modo que, también nosotros tenemos que hacer circular y compartir todo lo que tenemos, sin amasar riquezas, porque la sociedad se bloquea y no puede crecer en su conjunto.

El hecho de compartir de forma desinteresada, le da a la flor de la vida su perfume y su belleza".

En la biografía de Amma innumerables ejemplos muestran claramente su amor desinteresado y su compasión.

En los primeros años del ashram la situación financiera era mísera. Los residentes nunca tenían suficiente para comer. Todo el mundo no poseía más que un sólo vestido, y cuando participaban en los programas afuera del Ashram con Amma, se prestaban los únicos vestidos en buen estado que tenían. Amma insistía mucho para que los visitantes fuesen alimentados, y los residentes no tenían permiso para comer antes de que se hubiera servido a todos los invitados. Como nunca se sabía cuánta gente iba a venir y no había suficiente dinero, no solía quedar nada para que comieran los residentes. En ese caso, Amma iba a mendigar comida por las casas de la vecindad.

Una mujer de los alrededores vino un día a ver a Amma y le dijo que se había convenido el matrimonio de su hija. Como era muy pobre, le pidió que la ayudase. El ashram pasaba por dificultades financieras, sin embargo, Amma aseguró a esta mujer que iba a ayudarle. Llamó a uno de los *brahmacharis* y le pidió que fuera a buscar una caja que había en su habitación. Cuando le entregó la caja, la abrió y sacó un collar nuevo de oro que alguien acaba de regalarle.

Brahmachari Ramakrishnan (Swami Ramakrishnananda), que estaba sentado al lado de Amma, se preguntaba qué pretendía hacer Amma. Sin la menor duda, Amma entregó el collar a la mujer indigente. Ramakrishnan quedó muy sorprendido porque la gente del ashram estaba en la indigencia. En aquella época él trabajaba en un banco y conocía el valor del collar. Una vez que se hubo ido la mujer, fue incapaz de controlarse, porque estaba muy agitado, y explotó en los siguientes términos: "Amma, ¿cómo has podido hacer una cosa semejante? ¿Conoces el valor de ese collar? Podrías haberlo llevado al banco y haber sacado mucho dinero. ¡No tenías que haber hecho eso!"

Amma respondió: "¿De verdad? ¿Por qué no me lo has dicho antes? ¡Date prisa y llama inmediatamente a esa mujer!"

Ramakrishna quedó encantado de la respuesta de Amma. Estaba orgulloso de haber podido corregir el error que ella había cometido. Se puso a correr hasta que alcanzó a la mujer, y le pidió que lo acompañara a ver a Amma. La mujer parecía desconcertada. Cuando llegaron, Amma señaló a Ramakrishnan con el dedo y dijo: "Este *brahmachari* afirma que el collar que Amma acaba de darte vale mucho dinero". Ramakrishnan estaba tan impaciente, que se disponía a intervenir para decir a esta mujer que lo devolviese, pero Amma se dirigió hacia él y le dijo que se callara, y añadió: "Puesto que este collar tiene tanto valor, no lo vendas o empeñes por poco dinero. Asegúrate de sacar un buen precio".

Ramakrishnan quedó avergonzado; no había comprendido el alcance de la compasión de Amma.

El tren rodaba con el sonido: "Chu, chu, chu…" Afuera caía el crepúsculo. Amma le pidió a los *brahmacharis* que cantaran los *bhajans*, como solían hacer normalmente a esa hora. Insistía mucho para que fueran fieles a sus prácticas espirituales diarias allá donde estuviesen, y solía decir que un *sadhaka* no debe ser esclavo de las circunstancias, sino por el contrario, debe dominar todas las situaciones.

El *brahmachari* Sri Kumar sacó el armonio de su caja y se puso a tocar. Durante una hora y media cantaron diferentes *bhajans*. Uno de ellos se titulaba:

Oru nalil varumo

¡Oh Madre de dicha celestial!
¿Cuándo vendrás al santuario de mi corazón
con la lámpara de la llama eterna?
Este suplicante no tiene otro deseo.

¡Oh Devi!,
¿No vas a concederme tu bendición?

Con el corazón encendido, he buscado
a la Madre Divina en todo lugar.

¡Oh Madre, concédeme tu gracia!,
acaríciame con Tus dulces manos.
¡Oh Madre, refúgiame!,
porque me ahogo, agotado.
Yo sé que moras en mí,
Entonces, ¿cuándo vendrá el día de la realización?

Amma se unía esporádicamente a los bhajans, pero la mayor parte del tiempo se quedó en silencio mirando por la ventana.

Un día, en Viena, no había programa. Amma salió para dar un paseo acompañada del grupo con el que viajaba. Caminaron por una carretera local durante una media hora aproximadamente, y después Amma se sentó en medio de un bonito paisaje del bosque frente al sol que se ponía. La temperatura era de siete grados. Las pocas personas que pasaban, llevaban ropa de abrigo. Amma no tenía más que su vestido y su sari blanco. Alguien la cubrió con un chal de lana. Los *brahmacharis*, que no tenían más que su dhoti y su camisa de algodón, se estaban helando. Viéndolos agazapados unos contra otros, temblando de frío, Amma se quitó su chal para cubrirles con ternura. Pero como ya no tenía nada más para protegerse del frío, los *brahmacharis* rechazaron educadamente su oferta, diciendo: "No, Amma, tú tienes que ponértelo". Pero ella rechazó ponérselo. "¡No hay problema!", dijo, insistiendo para que lo utilizaran. El chal que Amma les había dado con tanto amor les era tan querido, que se apretujaron unos contra otros para que todos pudieran cubrirse con él.

Brahmashakti

Siempre acurrucados bajo el chal, Ramakrishna preguntó:

"Amma, se dice que el *sankalpa* divino del *Paramatman* (el Ser supremo) siempre está en funcionamiento. ¿Qué significa esto? ¿Podrías por favor explicárnoslo?"

Amma: "El *sankalpa* del *Paramatman* o *Brahmashakti* (el poder de Brahman) es subyacente a todo en el universo. Mira este cosmos sorprendente y la manera armoniosa en la que funciona nuestro planeta y todos los demás. Sin una inteligencia cósmica, un poder universal que controle todo, ¿cómo podría ser posible una belleza y un orden tan perfectos? ¿Podemos decir que se trata del azar? No, nada es producto del azar. En cuanto el intelecto humano no puede explicar un fenómeno, lo rechazamos y declaramos que se trata de una coincidencia. Pero esto es el idioma del razonamiento intelectual. Una persona que vive más en el corazón, no considera nada como fruto del azar. Para ella, todo es el poder divino, el *lila*, (el juego) de Dios, su *sankalpa*.

Amma no trata de negar el valor de la ciencia y de sus logros. La ciencia tiene un cierto *dharma* (deber) que cumplir. Que siga, pues, su *dharma*. Pero en lo que respecta a los seres humanos que tratan de vivir su vida en armonía con Dios, tenemos que respetar nuestro propio *dharma*; no lo olvidemos. Vivamos en armonía con él, escuchando la llamada de nuestra conciencia.

El ego o el intelecto son incapaces de comprender, ni siquiera de sospechar, el gran *sankalpa*, el poder que es la esencia del universo. La ciencia se halla todavía en busca de esta inteligencia cósmica, pero a menos que los científicos creen un equilibrio entre ciencia y espiritualidad, no encontrarán el Principio creador de la vida, puesto que se halla más allá del intelecto. Si desean descubrir el origen del mundo exterior, deben explorar el mundo interior, al cual no se suele conceder, por lo general, importancia alguna.

La melodía encantadora que fluye de una flauta no se encuentra ni en el instrumento ni en los dedos del músico. Se podría decir que surge del corazón del compositor, pero si abrieseis su corazón para examinarlo, tampoco encontrarías allí la melodía. ¿Cuál es, pues, la fuente original de la música? La fuente se encuentra más allá; emerge de *Brahmashakti*, el *Paramatman*, pero el ego es incapaz de reconocer este poder. Sólo viviendo desde el corazón, es posible ver y sentir este poder divino.

El *sankalpa* de Dios es la fuente de todo. Gracias a él, la flor se abre, el pájaro canta, el viento sopla y el fuego crepita. Este poder es el que permite el crecimiento de todo lo que existe y es el que lo sostiene todo. Este *sankalpa* divino es la causa subyacente del nacimiento, crecimiento y muerte de todos los seres vivos; la causa de toda la creación. Es la *shakti* del *Paramatman* que sostiene el mundo. Sin ella, el mundo dejaría de existir."

Amma se dirigió hacia Amritatma, y le pidió que cantara.

Kodanukodi

¡Oh Verdad eterna!,
la humanidad te busca desde hace millones de años,
Los antiguos sabios renunciaron a todo
e hicieron austeridades durante años
para fundirse en el flujo de tu energía divina.

Gracias a la meditación
tu llama infinita,
inaccesible a todos,
brilla como el resplandor del sol.
Permanece perfectamente inmóvil, sin ni siquiera oscilar
en medio del más violento de los ciclones.
Las flores, las plantas trepadoras,
los santuarios y templos,
con sus pilares recientemente consagrados,
todos te esperan desde hace eones,
sin embargo, Tú permaneces siempre inaccesible.

Después del canto, Amma continuó: "¿Conocéis la historia que cuenta cómo Brahman apareció ante los *devas* (los seres celestiales)? *Brahmashakti* (el poder de la realidad absoluta), ganó una batalla para los devas, pero ellos se atribuyeron todo el crédito. Decidieron creer que su victoria se debía a su propia grandeza. Cegados por el ego, olvidaron a Brahman, alegrándose y celebrando su victoria a gran escala. Cuando Brahman se enteró, apareció ante ellos en forma de un *yaksha*: un espíritu adorable. Embriagados por el ego, los demás no lo reconocieron, a pesar de que Él era la causa y el origen de la victoria que celebraban. Cuando apareció el *yaksha*, Indra, jefe de los *devas*, envió al dios del fuego a enterarse de quién se trataba. Cuando se acercó el dios del fuego, el *yaksha* le preguntó quién era y qué poderes tenía.

Con mucho orgullo, el dios replicó: "Soy el dios del fuego[12]; no existe nada en el mundo que yo no pueda quemar".

Brahman, bajo la forma de *yaksha*, colocó una brizna de paja ante el dios y le pidió que la quemara. El dios puso todo su empeño, pero a pesar de sus esfuerzos, la paja quedó intacta, sin la menor huella de haberse quemado. Se fue e informó a Indra de que no había podido descubrir quién era el *yaksha*. No mencionó su propio fracaso, puesto que el ego jamás admite la derrota.

Mientras que el ego da mucha importancia a sus logros, rechaza aceptar fracaso alguno. Así es la naturaleza humana. La gente dice: 'He conseguido esto y aquello', pero raramente dice: 'He fracasado', o bien 'Este o aquel aspecto de mi vida es un fracaso'. A causa de su falta de humildad, se dejan arrastrar por el ego, y la idea del poder y la riqueza les embriaga. No llegan a ver que el Poder universal, el *sankalpa* de Dios, es el que está en funcionamiento tanto en sus éxitos diarios como en sus fracasos. Si el *sankalpa* de Dios está presente por todas partes, nuestros fracasos

---

[12] Los hindúes consideran que todas las fuerzas de la Naturaleza son divinidades y las adoran como aspectos diversos del Supremo.

también son su *sankalpa*, pero la gente no percibe este *sankalpa* en ningún sitio. Creen que su éxito se debe a su propia grandeza, a su propio poder. Por el contrario, en caso de fracaso, se niegan a reconocer que ellos son la causa. Echan la responsabilidad a los demás o a una situación dada.

Cuando apareció Brahman, el dios del fuego fue incapaz de reconocerle. Es un comportamiento típico del ego, siempre orgulloso de su poder y de su inteligencia aparentes, mientras que ignora el poder universal. Incluso cuando éste aparece ante nosotros bajo formas diversas, somos incapaces de reconocerlo. ¿Cómo podría arder el fuego sin la presencia de la *shakti* del *Paramatman*, la *shakti* Suprema, el poder que está en el origen del propio fuego? Por esta razón, el dios del fuego perdió todo poder y fue vencido.

Indra ordenó entonces a Vayu, el dios del aire, que se acercase al espíritu. Vayu fue hasta él y se enorgulleció de poder arrastrar con su soplo cualquier objeto. El *yaksha* colocó la paja ante Vayu y le dijo: '¡Ya que pretendes ser tan poderoso, sopla esta paja!' Por más que Vayu intentó soplar y resoplar, no pudo mover la paja.

Al ego le gusta proclamar su importancia a son de trompeta, pero ¿cómo va a funcionar sin la fuerza vital que le anima? Agni, el fuego, y Vayu, el aire, no son más que puntos ínfimos de la energía universal. Si falla esta energía, pierden todo su poder. En otras palabras, la energía cósmica es la que funciona a través del fuego y el aire, y sin ella, no existirían.

Vayu, también, rechazó admitir su derrota. Se contentó con decir a Indra que él tampoco pudo haber descubierto quién era el *yaksha*.

La gente cree que los órganos de los sentidos, los *devas*, son importantes, y les conceden una gran importancia, pero cuando se ven impotentes y vencidos, se dirigen a la mente o al intelecto para buscar ayuda, puesto que el intelecto es superior a los sentidos y es más sutil (Indra simboliza al jefe de los sentidos, es decir, a la mente. La palabra Indra está emparentada con la palabra *indriya*, que significa los sentidos).

Los *devas* (los dioses), pidieron entonces a Indra que descubriese quién era el yaksha, pero cuando Indra, cuyo orgullo se había debilitado un poco, se acercó, el espíritu desapareció. En su lugar, estaba la luminosa y gran diosa Uma. Indra le preguntó: '¿Quién era ese espíritu?'

Uma, la madre universal, le respondió: 'Era Brahmashakti, que ha ganado esta victoria para ti. Tú creíste que era una victoria tuya, pero en realidad era Suya. Has logrado toda tu gloria gracias a Él'.

Cualquier éxito que hayáis logrado, en realidad no es vuestro, sino de Brahman. El *sankalpa* del *Paramatman* es la fuente de todas nuestras victorias y derrotas. Aprende a reconocerle, pues comprender esta verdad es la clave del verdadero éxito.

Vuestros esfuerzos para comprender la energía cósmica, la conciencia suprema, con ayuda de la mente, de los sentidos y del intelecto, siempre estarán destinados al fracaso, lo aceptéis o no. El *Atman* o Brahman está, en efecto, más allá del intelecto; es más sutil que los sentidos, la mente y el intelecto. Es más sutil que lo más sutil. Vuestra incapacidad total para comprender, creará en vosotros una necesidad apremiante de conocer este poder supremo. En vuestra impotencia, acabaréis por renunciar a comprender, y abandonaréis vuestra mente. Este abandono es el que os conduce al Maestro, al bien amado. Os ayudará y guiará hacia la fuente real de la existencia. En verdad, el Maestro en persona es *Brahmashakti*. La forma existe mientras os identifiquéis con el cuerpo y el intelecto. Una vez que los hayáis trascendido, descubriréis el aspecto infinito sin forma del Maestro.

Los Vedas dicen que el universo procede del soplo de *Paramatman*, lo cual significa que el Principio de vida supremo o la energía vital anima a toda la creación. Cuando este Principio se retira, todo se detiene. La meta de la vida consiste en descubrir el Principio divino (*sankalpa*) en todos nuestros pensamientos y acciones, y en todos los aspectos de la vida."

Amma se dirigió hacia Sri Kumar y dijo: "Trae el armonio." El instrumento se había quedado en la casa en que se alojaban, pero como había previsto que iba a hacer falta, Sri Kumar había traído un pequeño teclado electrónico. Se lo enseñó a Amma, que lo aceptó de buen grado. Entonces, acompañada de Sri Kumar, Amma cantó un *bhajan*.

Sokamitentinu sandhye

¡Oh crepúsculo!, ¿por qué estás tan triste?
¿Andas también errante en la orilla de tus recuerdos?
¡Oh tarde bañada de sombras encarnadas!,
¿arde también en ti el fuego de la aflicción?

¡Oh crepúsculo!,
¿tienes una Madre como la mía?
¿Has visto a mi Madre?
Como la luna llena,
ella brilla de belleza y de fresca pureza.

¡Oh tarde!, si la ves,
transmítele, te lo ruego, el mensaje de este hijo desamparado,
incapaz de hablar.
Me derrumbo bajo la aflicción infinita
que me causa el sufrimiento de la separación.

¡Oh crepúsculo!, te lo ruego,
deposita a sus pies estos pétalos de flores
y hazle saber mis palabras.
A tu regreso, te contaré las tiernas memorias
de una primavera ya pasada.

Amma entonó dos cantos más. Cuando todo el mundo temblaba de frío, Amma no parecía afectada, como si el aire frío, intimidado, no se hubiera atrevido a acercarse a ella. Poco después, se levantó, y tomaron el camino de vuelta.

A veces sucede que Amma pide un chaleco, un par de calcetines de lana o incluso calefacción, cuando hace mucho calor, pero el frío no parece afectarla. Es imposible comprenderla. A menudo, su comportamiento es incomprensible. Su propio cuerpo no obedece a las mismas leyes que el de una persona común.

La primera gira mundial de Amma tocaba a su fin. Había bendecido la tierra de numerosos países tocándola con sus pies sagrados. ¿Quién podía conocer las consecuencias que su visita tendría en esos países, en años venideros? Amma trabaja en diferentes niveles, la mayor parte de los cuales son tan sutiles, que somos incapaces de percibirlos. La acción de Amma en este planeta es como un iceberg, del cual sólo vemos la punta.

La gira mundial de 1987 marcaba el comienzo de la conquista espiritual emprendida por esta gran encantadora de corazones. Amma, a partir de entonces, iba a volver cada año a Occidente llevando a innumerables personas a seguir un camino espiritual, y uniendo a aquellos que ya se encontraban bajo el ala de su gracia.

Amma no se había quedado mas que unos cuantos días en cada lugar, pasando como un suave torbellino de amor supremo, despertando en innumerables corazones una nueva y extraña aspiración por la vida espiritual, una sed de conocer a Dios que nada podría apagar jamás. Ninguno de aquellos que habían visto a Amma podría olvidarla nunca, y aquellos cuyos corazones había capturado en sus divinas redes, constataban cambios en su persona. Se dulcificaban, y el amor infinito que Amma les había dado les permitía experimentar hacia los demás una compasión desconocida hasta entonces.

Amma había transformado en gozo el sufrimiento de innumerables personas, su desesperanza en esperanza, curando sus enfermedades, apaciguando su temor e insuflando una nueva fe en los que no veían ya sentido en su vida, transformando la indiferencia en amor y en compasión. Su gracia les había tocado el corazón.

En el camino de vuelta, Amma y su grupo se detuvieron en las Malvinas. Cerca del aeropuerto, subieron a un pequeño barco de motor que les condujo a una isla donde debían pasar la noche.

La jornada en la isla representó para los miembros del grupo un momento especial: la ocasión de estar a solas con Amma, que pasó la mayor parte del día afuera. Sentados en la playa, meditaron y cantaron *bhajans*.

Nealu se puso unas gafas de bucear y estuvo nadando en aguas poco profundas. Al subir a la superficie, dijo muy excitado a Amma, que había visto una gran variedad de peces multicolores. Amma se levantó, diciendo: "Este viejo siempre trata de divertir a Amma y hacerle feliz; siempre encuentra todo tipo de medios para conseguirlo." Amma miró en el agua transparente. Descubrió varios peces y se puso a gritar y a saltar, excitada como un niño. Después, se detuvo de repente, y con la obstinación de un niño, pidió algo con lo que alimentar a los peces. Nealu tenía algunos cacahuetes y un poco de comida salada india; se lo dio a Amma. Su rostro estaba bañado de dicha mientras daba de comer a los peces. Al contemplar a estas criaturas de vivos colores, entró en éxtasis. Se sentó al borde del agua sumida en *samadhi*. Todos estaban cerca de ella. Cuando volvió de su éxtasis, cantó dulcemente el himno sánscrito *Vidamsam vibhum*.

Saludo sin cesar a Parabrahman, la Realidad absoluta
que es el Uno sin segundo, que lo impregna todo en
el universo, que es puro y totalmente propicio

mientras permanece igualmente mas allá de todo atributo,
el No-manifiesto, el cuarto y supremo nivel de conciencia

Se puso a lloviznar. Amma no se movió; se quedó sentada al borde del agua.

El despertar del niño interior

Nealu aprovechó la ocasión para hacer una pregunta a Amma.

"¿Es deber de un alma realizada guiar a los demás hacia la meta? ¿No es para ella una obligación?"

Amma: "Las obligaciones no existen más que en los planos físicos y mentales. Una vez que habéis trascendido la mente y habéis tomado conciencia de que no sois una entidad aislada, es decir, que sois, no una pequeña parte, sino el todo, la propia energía cósmica, entonces ya no hay nadie que exista, no hay cuerpo con el que sentirse obligado. Un *Satguru*, unido a la verdad, no debe nada a nadie ni tiene obligación alguna. Su vida es completa y perfecta tal como es. Le basta existir en forma de gran y divina Presencia. El espacio infinito ¿debe algo a alguien? El sol, el viento y los océanos ¿deben algo a alguien? Existen, eso es todo, y nosotros nos beneficiamos de su presencia. ¿Necesitan los grandes Maestros algo de nosotros? Somos nosotros los que les debemos todo. No tenemos nada que ofrecer a aquellos que están dispuestos a sacrificar su vida para bien del mundo. Sólo su gracia puede permitirnos recibir el regalo único de la realización. ¿No es este favor infinito más, que lo que cualquiera se atrevería a pedir? No podemos más que postrarnos ante ellos y experimentar una inmensa gratitud, puesto que descienden hasta nosotros y nos ayudan a evolucionar hacia la dicha suprema, en la cual ellos mismos están establecidos eternamente.

Guiar a un discípulo hacia la meta suprema de la realización, es como dar nacimiento a un bebé y cuidarlo, rodeándole de atenciones. Es la única forma de describir esta relación. Vivir en presencia del gurú, es renacer; equivale a un segundo nacimiento.

Hasta ahora, vuestro crecimiento ha estado limitado a lo exterior; sólo el cuerpo y el intelecto se han desarrollado, pero cuando estáis cerca de un *Satguru* se produce un crecimiento interior hasta que alcanzáis la experiencia del alma (el *Atman*). Quizá seáis adultos exteriormente, pero en el interior el Maestro os enseña a encontrar el estado del niño, la inocencia infantil. La única meta del Maestro es despertar al niño que duerme en vosotros.

Cuando una madre da el pecho a su hijo, o bien otra comida apropiada, cuando le da el amor y el calor que necesita, crea las condiciones necesarias para que crezca y se desarrolle convenientemente. Al igual que una madre crea las condiciones más favorables para el sano crecimiento de su hijo, el verdadero Maestro crea la atmósfera más favorable para el despertar y para el desarrollo de la inocencia innata del discípulo. La presencia del *Satguru*, su mirada y su contacto, son el alimento necesario que permite al niño interior dormido del discípulo, despertarse y desarrollarse.

Pensad en el amor inmenso y en los cuidados con los que os ha rodeado vuestra madre. Pensad en la paciencia con la que os ha ayudado a crecer y a convertiros en adultos. En la mayor parte de los casos, nuestra madre contribuye enormemente a nuestro desarrollo físico y mental, y le debemos mucho. Nos ha cuidado sin esperar nada a cambio. Su único motivo era el amor infinito que experimentaba por su hijo.

Si os imagináis la imagen de una madre que alimenta y educa a su hijo con entrega, tendréis una idea de la manera en la cual un Maestro espiritual eleva a sus discípulos y los ayuda a ir más allá del ego para hacerse tan vastos como el universo. Esta comparación no es más que una imagen destinada a permitiros comprender la amplitud de la tarea emprendida por el Maestro cuando transforma al discípulo para hacer de él un receptáculo puro del Poder supremo. Para lograr esto, el verdadero Maestro debe tener la paciencia de la Tierra. Incluso se podría afirmar que efectuando este milagro, muestra más amor y compasión que el propio Dios. Amma quiere decir que ignoramos todo sobre Dios, fuera de los conceptos extremadamente vagos que nos han sido transmitidos por los videntes y por las Escrituras. Sólo la inmensa compasión de un *Satguru* nos permite tener una experiencia tangible de Dios. Sólo la presencia del *Satguru* nos revela que Dios existe verdaderamente.

El discípulo que se acerca al Maestro es como una materia prima en estado bruto, sin refinar y mezclada de herrumbre. El Maestro, alquimista divino de amor infinito, lo transforma en oro puro. No tiene necesidad alguna de hacer esto; tiene la elección de hacerlo, y podría simplemente disolverse en el Todo sin ni siquiera pronunciar una palabra, pero por el contrario, escogió ofrecerse al mundo. Por pura compasión hacia los que andan a tientas en las tinieblas, se sacrifica".

Gayatri trató de cobijar a Amma bajo un paraguas, pero ella lo rechazó. "No", dijo, "mientras que sus hijos están bajo la lluvia, Amma no quiere paraguas".

Sin embargo, pronto llovió tan fuerte, que Amma y el resto del grupo volvieron a sus habitaciones respectivas.

Un juego cósmico maravilloso

Aquella noche, una vez que hubo cesado la lluvia, Amma, seguida de todo el grupo, anduvo hasta el final de un salto de agua y se sentó al abrigo de unas hojas de cocotero entrelazadas. Cantó varios *bhajans*, a los que se unieron los demás, a la manera tradicional.

La luna llena irradiaba la Tierra y el mar con su claridad. Las olas cantaban el Om eterno. La voz pura de Amma, el poder y la belleza de su presencia, elevaban el alma de sus hijos, y daban a la atmósfera una radiación espiritual única.

Samsara dukha shamanam

¡Oh Madre del mundo!,
Tú, que disipas el sufrimiento de la transmigración,
Tus santas manos son nuestro único refugio.

Tú eres el refugio de las almas ciegas y perdidas,
el recuerdo de tus pies de loto nos protege de todo peligro.

Para aquellos que erran, presa de la ilusión,
en tinieblas impenetrables,
el único medio de escapar a su desgracia
es meditar en tu nombre y en tu forma.

¡Haz que tus hermosos y radiantes ojos
arrojen una mirada a mi mente.
¡Oh Madre!, sin tu gracia,
nadie podría alcanzar tus pies de loto.

Al día siguiente tomaron de nuevo el barquito de motor
para volver a la isla principal. Hacía viento. En el momento
en el que el barco entraba en alta mar, se desencadenó una
tormenta, y el mar se embraveció. El barquito se vio sacudido
como un juguete por la agitada marea. Las olas, a veces
gigantescas, amenazaban con estrellarse contra el barco.
Los brahmacharis, Gayatri, Saumya y los demás, estaban
aterrorizados. Estaban agachados en el barco y temblaban
de miedo. Varias olas estuvieron a punto de romper contra el
propio barco. Estaban seguros de que la pequeña embarcación

iba a hundirse de un momento a otro, y de que iban a zozobrar.

De repente, en medio del viento y del rugido de las olas, oyeron reírse a alguien. Vieron y descubrieron que era Amma. Se divertía enormemente. Reía, y la expresión de su rostro era la de un niño encantado. Comprendieron en ese instante que Amma estaba absolutamente libre de todo miedo, y que para ella cada situación formaba parte de un juego cósmico maravilloso. Al escuchar a Amma reír de dicha, se calmaron y desapareció su miedo. ¿Qué hay que temer, efectivamente, cuando la Madre del Universo en persona está a tu lado, mientras atraviesas el océano de la vida?

OM NAMAH SHIVAYA

Glosario

Advaita: La filosofía de la no-dualidad

Anugraha: La gracia divina.

Arati: Adoración que se realiza al final de una ceremonia o ritual. Consiste en describir círculos con una bandeja que contiene alcanfor encendido, que no deja residuo alguno y simboliza por tanto la destrucción total del ego.

Arjuna: El tercero de los cinco hermanos Pandavas, un gran arquero y uno de los héroes de la epopeya Mahabharata. Era amigo y discípulo de Krishna. Fue con Arjuna con el que dialogó Krishna en el Bhagavad Gita.

Ashtaiswaryas: Los ocho tesoros.

Atma jnana: El conocimiento del Ser.

Atma(n): El Ser.

Avatar: La encarnación de Dios.

Bhagavad Gita: La enseñanza de Sri Krishna que fue transmitida a Arjuna al principio de la guerra Mahabharata. Se trata de una guía práctica destinada a los seres humanos para ayudarles en su vida cotidiana. Contiene la esencia de la sabiduría védica. Bhagavad significa "del Señor" y Gita "canto", "el canto del Señor o sus enseñanzas".

Bhajan: Canto devocional o himno.

Brahmachari(ni): Un aspirante que realiza el voto del celibato, discípulo de un Gurú y sigue las enseñanzas espirituales.

Brahman: Lo absoluto, el todo.

Brahmashakti: El poder de la realidad absoluta.

Darshan: Estar en presencia de, obtener una visión de la divinidad o una persona santa.

Deva: Un dios o un ser de luz.

Devi Bhava: Estado Divino de Devi, en el que Amma revela su unidad e identidad con la Madre Divina.

Devi Mahatmyam: Un himno sagrado y muy antiguo de alabanza a la Madre Divina.

Dharma: Aquello que sostiene, mantiene y hace respetar las leyes del universo. Posee numerosos significados, entre otros: ley divina, ley de la existencia, la vida en armonía divina, el derecho, la religión, el deber, la responsabilidad, la virtud, la justicia, la bondad y la verdad. Dharma designa también los principios que constituyen el fundamento de la religión. El dharma del ser humano es la realización de su naturaleza divina innata.

Durga suktam: Una parte de los Vedas, dedicada a la alabanza de la divina Madre Durga.

Ganesh: El Dios que elimina los obstáculos, hijo de Shiva y Parvati. Se le representa con cabeza de elefante.

Grihastashrami: La persona que lleva una vida familiar y sigue un sadhana o disciplina espiritual al mismo tiempo.

Gurú: Maestro espiritual

Gurukula: El ashram de un gurú, en el que se enseña a los discípulos, por medio del estudio y el servicio desinteresado, los principios fundamentales de la espiritualidad y de la vida humana.

Japa: La repetición de una fórmula mística (mantra)

Jivatman: El alma individual.

Jnana yoga: El camino del conocimiento.

Jnani: Aquel que conoce la Realidad, un ser realizado.

Karma kanda: La parte de los Vedas que describe los diferentes deberes que se han de realizar a lo largo de nuestra vida.

Karma yoga: El camino o la vía de la acción. Servicio desinteresado y la ofrenda de sus frutos a Dios.

Katha: Una historia.

Kauravas: Los cien hijos de Dhritarashtra, los enemigos de los Pandavas durante la guerra Mahabharata.

Krishna: La encarnación más conocida del Dios Vishnu. Nacido en una familia real, creció con padres adoptivos como un joven pastor de Vrindavan, donde fue amado y adorado por los compañeros de su infancia, los gopis y las gopas. Fue primo y consejero de los Pandavas, especialmente de Arjuna, al que le reveló las enseñanzas contenidas en el Bhagavad Gita.

Lila: "Juego". Los movimientos y las actividades del Ser divino, que por naturaleza son libres y no siguen ley alguna.

Mahabharata: La gran epopeya de la antigua India, escrita por el sabio Vyasa y que describe el enfrentamiento entre los Kauravas y los Pandavas, todos primos de Sri Krishna. La lucha culminó en una guerra catastrófica.

Mahatma: Literalmente un alma grande, un sabio.

Mantra: Fórmula sagrada o plegaria que se repite sin cesar. Esta repetición despierta la energía espiritual latente en nosotros, purifica la mente y nos ayuda a conseguir la meta. El mantra es más eficaz si ha sido dado por un Maestro durante una ceremonia de iniciación.

Mantra shakti: El poder de un mantra que confiere un resultado particular.

Maya: "Ilusión". El "velo" divino bajo el cual Dios, en el juego de su creación, se oculta y da la impresión de la multiplicidad, creando así la ilusión de la separación. Maya recubre la realidad y nos confunde, haciéndonos creer que la perfección y el gozo se encuentran fuera de nosotros mismos.

Moksha: La liberación del ciclo de nacimiento y muerte.

Mudra: Signo o gesto sagrado hecho con las manos que simbolizan verdades espirituales.

Ojas: La energía espiritual que se obtiene mediante las prácticas espirituales y la abstinencia.

Pada puja: Adoración a los pies de Dios, del gurú o de un santo. El cuerpo entero reposa en los pies. Del mismo modo, el gurú es el soporte de la verdad suprema. Los pies del gurú representan, por tanto, la verdad suprema.

Pandavas: Los cinco hijos del rey Pandu, los héroes de la epopeya Mahabharata. Los primos del Señor Krishna que combatieron en la guerra Mahabharata contra los Kauravas.

Paramatman: El Alma suprema o Dios.

Prasad(am): Ofrendas consagradas y distribuidas después de la puja.

Purnam: Completo o perfecto.

Rajasuya yagna: Un sacrificio védico que realizan los reyes.

Ramayana: La historia épica del Señor Rama, escrita por el sabio Valmiki.

Ravana: El rey demoníaco en la historia de Ramayana, que secuestró a Sita la esposa divina de Rama.

Rishi (de la raíz rsi: saber): Seres realizados, videntes. Se refiere normalmente a los sabios de la antigua India, almas realizadas capaces de "ver" la verdad suprema y hablar de ella. Estos conocimientos se los transmitieron a sus discípulos, quienes los consignaron en los textos Vedas.

Sadhak: Aquel que consagra su vida a la espiritualidad y se esfuerza por la Realización, mediante una práctica espiritual (sadhana).

Sadhana: Prácticas espirituales.

Samadhi (sam: con y adhi: el Señor. Unión con Dios): Estado de concentración profunda en un solo objeto, en el que todo pensamiento se desvanece y la mente entra en un estado de tranquilidad perfecta, en el que sólo permanece la pura Consciencia, mientras ésta reposa en el Ser (atman).

Samsara: El mundo de la pluralidad, el círculo ilusorio de nacimiento, muerte y renacimiento.

Sankalpa: Resolución creativa que se manifiesta mediante pensamiento, sentimiento o acción. El sankalpa de una persona corriente no siempre reporta frutos, mientras que el sankalpa de un sabio es infalible.

Sannyasi(n): Asceta que ha renunciado a toda relación con el mundo. Un sannyasin viste un traje de color ocre que simboliza la destrucción, mediante el fuego, de todo apego.

Sari: Vestido que suelen llevar las mujeres indias.

Satchitananda: La realidad suprema como Existencia, Consciencia y Dicha.

Satguru: Maestro espiritual que ha logrado la Realización.

Shraddha: Fe. Amma utiliza esta palabra también para hacer hincapié en la necesidad de prestar atención, estar vigilantes a todas nuestras tareas, de realizarlas con cuidado y amor.

Siddhi: Poder psíquico.

Sita: Esposa del Señor Rama. Está considerada en la India como el ideal femenino.

Sloka: Palabra sánscrita para referirse a verso o versículo.

Sri Rama: Una encarnación del Señor Vishnu. El héroe divino del Ramayana. Considerado el ideal de rectitud.

Tantra: Escuela de filosofía que enseña que toda cosa creada es una manifestación de la Realidad Suprema.

Tapas: Literalmente "calor". La práctica de austeridades espirituales a través de una autodisciplina muy estricta, capaz de crear un fuego que quema las impurezas de la mente.

Tattvatile bhakti: Devoción fundada en el conocimiento de los principios espirituales.

Upanishads: La última parte de los Vedas, que exponen la filosofía de la no-dualidad.

Vasanas (De la raíz vas: el resto): Son las tendencias latentes o los deseos sutiles de la mente que tienden a manifestarse bajo la forma de acciones o hábitos. Los vasanas son el resultado de experiencias pasadas, cuyas impresiones (samskaras) permanecen en el subconsciente.

Vedanta: El final de los Vedas", los Upanishads, que trazan la vía del conocimiento.

Vedas: Literalmente "conocimiento, sabiduría". Las escrituras reveladas por los hindúes. Una serie de textos sagrados divididos en cuatro partes: Rig, yagur, sama y athartwa. El total de los Vedas comprende 100.000 versos y textos en prosa. Se consideran el relato directo de la verdad suprema, transmitida por Dios a los rishis.

Videhamukti: Liberación que se obtiene tras la muerte física.

Vina: Instrumento de cuerdas de la antigua India.

Yaga o yagna: Sacrificio védico o ritual.

Yaksha: Un demonio poderoso que existe en los planos sutiles del universo.

Yoga danda: Un bastón sobre el que se puede apoyar un yogi durante una meditación prolongada.

Yoga sutras: Obra filosófica escrita por el sabio Patanjali, que describe la vía del Raja Yoga o vía yógica de los ocho miembros: ashtanga.

Yogui: Persona que se consagra a las prácticas espirituales para alcanzar la unión con la fuente divina o Dios.

Yuga: Una época, una era.